AF367364

Eva Maria Franchi

La teoria dei tipi psicologici di Carl Gustav Jung:
origine, sviluppo e applicazioni

Titolo | La teoria dei tipi psicologici di Carl Gustav Jung: origine, sviluppo e applicazioni
Autore | Eva Maria Franchi
Copertina a cura di Buenavida

ISBN | 978-88-27832-41-7

Youcanprint Self-Publishing
Via Roma, 73 - 73039 Tricase (LE) - Italy
www.youcanprint.it
info@youcanprint.it
Facebook: facebook.com/youcanprint.it
Twitter: twitter.com/youcanprintit

«Rendi cosciente l'inconscio
Altrimenti sarà l'inconscio
a guidare la tua vita
e tu lo chiamerai destino»

(Carl Gustav Jung)

Indice

CAPITOLO 4
L'utilizzo della teoria dei tipi psicologici nel counseling, nella pratica clinica e psicologica.

INTRODUZIONE E RINGRAZIAMENTI

L'interesse per i tipi di personalità mi accompagna da parecchie decadi, da prima che mi laureassi in psicologia e mi interessassi al pensiero di Jung. Ha cominciato a farsi strada attraverso le medicine complementari e le discipline olistiche cui sono approdata sia come paziente sia come studiosa e counselor olistico.

Dopo un excursus sulle tipologie della medicina omeopatica, sui tre dosha della tradizione ayurvedica, sui sistemi rappresentazionali della PNL e una ricerca approfondita sull'enneagramma trasmesso da Gurdjieff, ho conosciuto, nel 2006, le tipologie dell'enneagramma secondo il modello costruito da Claudio Naranjo. Della teoria di quest'ultimo mi incuriosiva il focus posto sui caratteri umani che Naranjo analizza nel dettaglio, tuttavia ancora oggi faccio fatica a collocarmi in una delle nove tipologie postulate nel suo enneagramma: nei profili che più si avvicinerebbero al mio presunto tipo infatti, sono descritte alcune caratteristiche in cui mi riconosco, ma anche altre che trovo troppo lontane da me, di conseguenza, in base alla logica della somma algebrica $(+1)+(-1)= 0$, nessun profilo mi convince sufficientemente.

La spinta ad approfondire lo studio dei tipi junghiani è arrivata quando ho conosciuto, grazie a Stefano Ferralasco, docente della scuola di counseling *Centro Delphi* di Genova, la rielaborazione della teoria junghiana da parte di Katherine Cook Briggs e Isabel Myers. Avevo già letto la versione ridotta di *Tipi psicologici* di Jung e ne ero rimasta colpita trovandola più affine alla mia modalità di comprendere una teoria tipologica rispetto a quella postulata da Naranjo, tuttavia fu il sistema Briggs-Myers, a causa della sua impostazione altamente pragmatica atta ad una lettura rapida della personalità, che inizialmente mi catturò. Nei sedici profili junghiani riuscivo a collocare velocemente me stessa, buona parte (non tutti) di amici, clienti, conoscenti, familiari, parenti, trovando che nel complesso, in termini generali, i profili delle tipologie junghiane rivisti dalle Briggs-Myers fornissero una descrizione di tipologie sufficientemente convincente per la mia struttura mentale. Feci anche una piccola ricerca personale chiedendo a dodici tra i miei amici e conoscenti di entrambi i sessi di eseguire la versione ridotta del test MBTI presente sul sito http://www.lastessamedaglia.it/2011/04/test/. Il sito non indica come risultato una sola tipologia bensì tre, di cui la prima è la più probabile. Chiesi loro di indicarmi quanto si riconoscessero nel tipo più probabile indicato dal test o in una delle due opzioni alternative, in una scala da 1 a 5, dove 1 indica "per niente", 2 "poco", 3 "in parte", 4 "abbastanza", 5 "molto". Di questi nessuno mi indicò "per niente" o "poco" e solo uno mi indicò di riconoscersi in parte in tutti i sedici profili, ma di non averne trovato nessuno che gli sembrasse corrispondergli più degli altri (conoscendo la persona, ritenevo però che almeno due delle preferenze cognitive rilevate dal test gli corrispondessero). Sette si riconoscevano "abbastanza" o "molto" nel primo profilo indicato, tre si riconoscevano maggiormente nelle opzioni alternative e solo uno che aveva letto la descrizione di tutte le sedici tipologie si riconosceva in parte nel profilo più probabile indicato dal test, riconoscendosi invece "molto" in un profilo che tuttavia non rientrava nelle tre possibilità indicate dal test. Nel complesso questo piccolo esperimento euristico che non ha nessuna pretesa di ricerca sperimentale, mi indicava comunque una buona congruenza dei sedici profili del MBTI, sebbene non sempre la prima misurazione ottenuta tramite il test fosse quella in cui i soggetti si riconoscessero maggiormente. Da qui la spinta ad indagare ulteriormente la teoria dei tipi psicologici di Jung con l'intento di rispondere a queste domande:

Come arrivò Jung a formulare la sua teoria e quali motivazioni lo spinsero a farlo? Qual è stata l'influenza di Jung su altre teorie tipologiche che sono seguite dopo di lui e in particolare che differenza c'è tra la rielaborazione proposta dalle Briggs-Myers e la teoria originale di Jung? La teoria delle Briggs-Myers può considerarsi valida o rappresenta una distorsione dalla teoria originale di Jung? E soprattutto, la teoria delle tipologie junghiane è ritenuta valida ancora oggi, sia da una prospettiva euristica sia scientifica? È ancora utile, quali sono i suoi ambiti di applicazione, può servire nel lavoro pratico del counselor, dello psicologo e dello psicoterapeuta?

Partendo dal presupposto che ogni teoria, anche la più astratta e oggettiva, non può precludere dalla storia della persona che l'ha elaborata, il primo capitolo è finalizzato ad accompagnare il lettore lungo il percorso che portò Jung ad elaborare la sua teoria; si concentra sulla biografia, le esperienze di vita, il contesto storico sociale e culturale in cui visse Jung, evidenziando come il conflitto che ebbe con Freud influenzò enormemente il suo bisogno di comprendere le tipologie umane e i passi che fece prima di arrivare all'elaborazione definitiva di *Tipi psicologici*; il capitolo si chiude presentando i postulati di base della teoria finale. Il secondo capitolo entra nel vivo dei *Tipi psicologici* descrivendo le otto tipologie junghiane che furono presentate nel libro uscito nel 1921. Il terzo capitolo indaga l'influenza che la teoria di Jung ha avuto su altre teorie tipologiche, nello specifico sulle macchie di Hermann Rorschach, la PNL di Richard Bandler e John Grinder, l'enneagramma di Claudio Naranjo e i tipi junghiani rielaborati da Katherine Cook Briggs ed Isabel Myers ideatrici del test MBTI. Queste ultime sono indagate più approfonditamente in quanto le due ricercatrici, madre e figlia, hanno prodotto una teoria che pur con alcune varianti, rimane fedele ai postulati originali di Jung; il loro sistema ha trovato un largo riscontro nell'ambito della comunicazione, del marketing, del lavoro, della scuola e il loro test, oltre ad essere stato, insieme al GW, tra i primi test di tipologie junghiane della storia, è quello che ha raggiunto maggiore popolarità e diffusione nei decenni passati. Il quarto ed ultimo capitolo è dedicato agli ambiti di applicazione delle tipologie junghiane e ad una ricerca critica sull'attendibilità della teoria junghiana e dei test psicologici ad essa ispirati.

Nel concludere l'introduzione desidero ringraziare la Dott.ssa Benedetta Rinaldi per avermi indirizzata su come portare avanti questa ricerca. Il dott. Francesco Colombo, docente e fondatore del centro di psicologia analitica Delphi di Genova, purtroppo non più tra noi, per avermi aperto la strada al pensiero di Jung e al linguaggio del mondo onirico. Il dott. Gabrio Andena per avermi fatto innamorare della filosofia grazie alla sua capacità di esporre concetti complessi attraverso un linguaggio semplice e accattivante. Il dott. Stefano Ferralasco per avermi fatto conoscere la visione "americana" delle tipologie junghiane secondo le Briggs-Myers e in ultimo il dott. Giovanni M. Quinti, che è stato per me un mentore e maestro di vita oltre colui che mi ha incoraggiata ad intraprendere lo studio della psicologia.

CAPITOLO I

Carl Gustav Jung: la storia, le influenze, le opere e il pensiero

1.1 Brevi cenni biografici

Carl Gustav Jung nasce a Kesswil, in Svizzera, il 26 Luglio 1875. Il padre era un pastore protestante, il nonno paterno un professore di medicina, quello materno un insigne teologo ebraista. Jung aveva inoltre una cugina materna che si dedicava a esperimenti medianici cui ebbe spesso occasione di assistere. Egli stesso, come racconta nella sua autobiografia *Ricordi, Sogni, Riflessioni* (Jung, 1961 p. 30) sin dalla prima infanzia era solito fare sogni caratterizzati da una forte valenza simbolica che lasciarono un profondo segno nella sua coscienza, sogni che Jung interpreterà, a posteriori, come un presagio di quel anelito, che lo avrebbe accompagnato per tutta la vita, alla ricerca dell'autorealizzazione dell'inconscio. La ricerca di un trait d'union tra il "sovrannaturale", la mistica, la filosofia, la religione e la psiche umana, caratterizza sin dagli esordi l'opera di Jung e non a caso il titolo della tesi con cui conseguì la laurea in medicina nel 1900 e della prima opera da lui pubblicata è proprio *Psicologia e patologia dei cosiddetti fenomeni occulti*, opera ispirata dai fenomeni medianici cui aveva assistito presso la cugina e in cui elabora uno dei concetti cardini della psicologia junghiana, quello di "complesso". Per Jung i "complessi" sono come dei gruppi di memorie inconsce a forte tonalità affettiva che formano delle vere e proprie personalità frammentate, dissociate dalla coscienza. Le cosiddette "voci dall'aldilà" quindi, sarebbero una serie di complessi psichici interni alla persona che la persona non essendone cosciente interpreta come voci provenienti da entità al di fuori di sé stessa.

Fortemente influenzato dalla cultura umanistica, la letteratura, la filosofia (in particolare Schopenhauer e il suo contemporaneo Nitzsche) si specializza in psichiatria e si interessa allo studio dell'ipnosi frequentando a Parigi un corso tenuto da Pierre Janet. Dal 1900 al 1909 lavora presso l'ospedale psichiatrico Burgholzli diretto da E. Bleuler, contemporaneamente comincia a interessarsi alle idee di Freud ed in particolare alla teoria freudiana della rimozione che trova concordante con lo studio sui complessi e gli esperimenti di associazione di parole che sta portando avanti. Tuttavia è titubante a riconoscere apertamente il suo interesse per lo psicoanalista austriaco in quanto: «nel mondo accademico del tempo ogni relazione con lui screditava scientificamente» (ivi p.187). È a partire dal 1906 attraverso la stesura di un saggio sulla dottrina delle nevrosi di Freud che trova il "coraggio" di dichiararsi apertamente un suo sostenitore cominciando una fitta corrispondenza con il "maestro" che conoscerà personalmente nel 1907. Jung rimane molto colpito dalla personalità di Freud: «In lui non vi era nulla che fosse banale, lo trovai di un'intelligenza fuori dal comune, acuto, notevole sotto ogni riguardo» (idem p. 189) e Freud diventa per lui una sorta di mentore. Dall'incontro con questi è influenzata la sua seconda opera pubblicata nello stesso anno dal titolo *Psicologia della dementia precox*. Nel 1909 viene invitato insieme a Freud e Ferenczi a tenere alcune lezioni sulla psicologia freudiana alla Clark University di Worcester nel Massachusetts, tuttavia in questo periodo Jung già comincia a nutrire dei dubbi e a prendere le distanze dalla visione che Freud ha della sessualità, visione che Freud stesso definisce «un dogma, un incrollabile baluardo» (ivi p. 190). Nel 1912 pubblica *Trasformazioni e simboli della libido* opera in cui per la prima volta prende ufficialmente le distanze da alcuni punti delle teorie di Freud in particolare dalla visione di Freud che vede solo nella funzione sessuale l'unico motore dello psichismo. Jung svincola il termine libido dalla funzione meramente sessuale passando dalla visione idraulica-meccanicistica di Freud a una visione della vita psichica essenzialmente energetica basata, come nella termodinamica, sulla contrapposizione degli opposti la cui interazione genera movimento, vita, dinamicità. In questa visione il simbolo rappresenta la forza mediatrice che permette l'integrazione dei due poli opposti Io-Inconscio, trasformando la forza istintiva della libido in attività creativa in grado di promuovere lo sviluppo della coscienza, non solo a livello individuale, ma anche a livello di coscienza collettiva. Il concetto bipolare di contrapposizione degli opposti rappresenterà uno dei punti cardine della successiva elaborazione della teoria dei tipi psicologici. Nel 1913 davanti alla Psycho-Medical-Society definisce il suo orientamento di ricerca "psicologia analitica", nel frattempo il suo conflitto con Freud cresce sino alla rottura ufficiale che porterà Jung a dimettersi dalla carica di presidente dell'associazione psicoanalitica internazionale cui era stato insignito nel 1910. La rottura con Freud, che fino a quel momento era stato il suo punto di riferimento, rappresenta una fase drammatica nella vita di Jung, che deve confrontarsi sia con l'ostracismo della maggior parte dei suoi amici e conoscenti, per i quali Freud rappresentava un'autorità inconfutabile, che accusano Jung di essere un mistico con una visione priva di credibilità scientifica, sia con il senso di vuoto provocato "dall'uccisione" simbolica di colui che per lungo tempo era stato il suo padre putativo. È anche per riprendersi da tale crisi esistenziale che comincerà ad elaborare la sua teoria dei tipi psicologici attribuendo alle rispettive strutture di personalità, Jung introverso – Freud estroverso, il fallimento nel conciliare la loro divergenza di visione (tema che riprenderò nel capitolo successivo). Nel 1916 pubblica *La struttura dell'inconscio* dove anticipa il concetto di inconscio collettivo che definisce "impersonale", sostenendo inoltre che il concetto di rimozione di Freud, seppure validissimo, non è in grado di spiegare in toto la complessità della psiche umana in quanto «l'inconscio oltre al materiale rimosso contiene tutte quelle componenti psichiche che sono scese al di sotto della soglia, come pure le senso-percezioni subliminali», concetto oggi confermato dalla psicologia cognitiva. Nel 1921 pubblica *Tipi psicologici*. Tra il 1920 e il 1926 effettua alcuni viaggi in Africa e in nord America presso gli indiani Pueblos studiandone cultura e mitologia. Nel 1928 pubblica *Energetica psichica* e *l'inconscio* il testo in cui forse il pensiero di Jung è maggiormente strutturato e sistematizzato e che riprende in modo ampliato e approfondito temi già emersi ne *La Struttura dell'Inconscio*. Qui Jung introduce il concetto di "Archetipi" facendo una distinzione tra Inconscio personale e Collettivo al cui primo corrisponde la contro polarità dei Complessi e al secondo degli Archetipi. Contemporaneamente si immerge sempre più intensamente nello studio dello gnosticismo, dell'alchimia, dei miti, le religioni e le culture orientali. Nel 1935 viene nominato professore titolare al politecnico di Zurigo. Dal 1930 al 1943 tiene numerose lezioni e conferenze in cui espone le sue idee ottenendo diverse lauree onorarie. Nel 1944, a causa di un infarto, è costretto a rinunciare alla cattedra all'Università di Basilea che gli era stata conferita l'anno precedente. Nel 1948 fonda l'istituto C.G.Jung di Zurigo a tutt'oggi attivo. Durante gli ultimi anni della sua vita si ritira a

Bollingen, vicino al lago di Zurigo, dedicandosi principalmente ai suoi studi. Muore il 6 Giugno del 1961.

1.2 Come e perché Jung arrivò a formulare la teoria dei tipi psicologici

Jung sottolinea più volte in molti suoi scritti, conferenze, opere e interviste, che uno dei motivi cruciali che lo portò a formulare la sua teoria dei tipi psicologici fu l'esigenza di rispondere alla domanda: «in che mi differenzio da Freud e da Adler? Quali sono le divergenze nelle nostre concezioni?» (Jung, 1961, p. 256). Nella sua edizione del 1943 di *On the Psycology of the Unconscious* parla del dilemma nel quale si trovò nel confrontarsi con le visioni differenti delle teorie di Freud e Adler in quanto il primo metteva l'enfasi sull'oggetto, e il secondo sul soggetto, il quale, incurante dell'oggetto, cerca la sua propria sicurezza e supremazia. Similmente nella sua intervista *Face to Face* con John Freeman del 1959 disse che la spinta iniziale al suo lavoro sui tipi psicologici più che dal risultato di qualche esperienza clinica particolare fu dettata da «una ragione molto personale, cioè per fare giustizia alla psicologia di Freud e anche a quella di Adler, e per trovare la mia stessa posizione. Ciò mi ha aiutato a capire perché Freud sviluppò una simile teoria. O perché Adler sviluppò la sua teoria» (Beebe, Faldzer 2013 traduzione mia). Barbara Hannah nella sua biografia su Jung a sua volta afferma che egli «diceva spesso che aveva scritto il libro per capire i dissensi all'interno del circolo di Freud» (1976, p.133). In una delle quattro interviste rilasciate a Richerd I. Evans tra il 5 e l'8 Agosto del 1957 presso la Eidgenossiche Technische Hochschule Jung puntualizza: «[…] Capivo le giustificazioni del punto di vista di Freud, e capivo anche quelle di Adler, e sapevo che esistevano tanti altri modi di interpretare le cose. Considerai perciò mio dovere scientifico incominciare con l'esaminare la situazione della coscienza umana. La coscienza è l'origine dei modi di interpretare la realtà; è il fattore che produce gli atteggiamenti consci nei confronti di certi fenomeni. Vede di solito, quando si sa che esistono persone capaci di distinguere tra il rosso e il verde, si dà per scontato che tutti colgano quella differenza. Invece no. Ci sono casi di tricromatismo, e via dicendo. Uno vede in un modo, l'altro in un altro, e io volevo scoprire quali erano le differenze più importanti» (1977 McGuire, Hull p.425). Tali testimonianze mi portano ad evincere che alla base della ricerca di Jung ci sia stata una forte spinta emotiva, forse il bisogno di curare la ferita provocata dalla sua rottura con Freud e dal disagio di doversi confrontare con un contesto accademico diffidente di fronte alla sua apertura mentale. Jung stimava sia Freud che Adler, li aveva conosciuti e frequentati entrambi e probabilmente, oltre a rispecchiarsi con quest'ultimo all'epoca della sua rottura con Freud, deve avere provato un forte rammarico nel constatare che due menti così brillanti non erano state capaci di trovare un punto d'incontro. Oggi si parla molto dell'importanza di integrare approcci disciplinari diversi e sotto questo profilo Jung per la sua epoca è stato un antesignano, tuttavia probabilmente deve avere sofferto molto di fronte all'incomprensione che gli dimostrarono alcuni suoi colleghi i quali non riuscivano ad accettare che si potessero conciliare due visioni (né tantomeno più di due visioni): o si stava con Freud o si stava con Adler. Nei suoi discorsi traspare il suo desiderio di non recare torto né ad Adler, né a Freud, "di fare giustizia", e di puntualizzare che l'appoggiare il punto di vista dell'uno non implica affatto screditare quello dell'altro. Nella conferenza di Munich tenutasi l'8 Settembre del 1913 in occasione del Quarto Congresso Internazionale di psicologia analitica Jung rimarca questo suo desiderio introducendo il concetto di introversione ed estroversione, concetto che sarà alla base della sua teorizzazione dei tipi psicologici, affermando che «l'estroversione e l'introversione non sono caratteristiche solo dell'isteria e della schizofrenia ma che ci possono essere anche tipi umani normali che si distinguono per la predominanza di uno o l'altro dei due meccanismi e questi due tipi caratterizzano non solo le persone ma anche le teorie ed in particolare le teorie nella psicologia analitica. Da qui la teoria di Freud potrebbe essere descritta come estrovertita, ovvero, riduzionistica, pluralistica, sensazionalistica, materialistica, pessimista, irreligiosa, deterministica e causalistica mentre la teoria di Adler introvertita, intellettualistica, monistica e finalistica. Queste due colorazioni differenti portano a vedere il mondo alla luce di due verità, e queste due verità sarebbero due diverse ma ugualmente vere, percezioni di una sola e stessa situazione» (Beebe, Faldzer 2013 traduzione mia).

Il conflitto di Freud con Adler e con lo stesso Jung fu probabilmente il punto di innesco che lo portò ad approfondire lo studio dei tipi, tuttavia non fu l'unica motivazione. Nella prefazione alla prima edizione dei *Tipi Psicologici* scritta nella primavera del 1920 afferma: «Questo volume è il frutto di quasi vent'anni di lavoro nel campo della psicologia pratica. Le idee che esso racchiude sono andate formandosi lentamente, in parte dalle innumerevoli impressioni ed esperienze tratte sia dalla mia pratica di psichiatra e di neurologo, sia dai contatti con persone di tutte le classi sociali, in parte dal dibattito sostenuto personalmente intorno ad esse con amici e avversari, e infine dalla critica delle peculiarità psicologiche mie proprie» (Jung 1921a p.3). La versione integrale del libro consta di undici capitoli di cui solo il decimo è dedicato alla classificazione dei tipi in base alla sua teoria, mentre l'undicesimo raccoglie un glossario in cui spiega il significato che attribuisce agli specifici termini da lui utilizzati come "anima", "io", "individuazione" ecc. I nove capitoli precedenti non hanno affatto il sapore di un testo di divulgazione scientifica, sono piuttosto un saggio critico sui processi storici, filosofici, culturali, estetici ed umanistici che passando dalla cultura greca a quella orientale, dalla cultura cristiana tradizionale a quella gnostica, sino ad arrivare alla psichiatria e a studiosi contemporanei di Jung come William James, hanno spinto molti pensatori a cercare di classificare e sistematizzare le tipologie umane. Tra gli autori che lo hanno preceduto e che lo hanno maggiormente influenzato Jung cita William James il quale nel suo libro *Pragmatismo* del 1911 sostiene: «La storia della filosofia è in gran parte, uno scontro tra "temperamenti […] Tuttavia il suo (del filosofo) temperamento costituisce un pregiudizio più forte di qualsiasi sua premessa più oggettiva» (Jung, 1921,b citando James, p.317). Egli rimane colpito dalla distinzione che James fa tra due coppie di temperamenti opposti: i Tender- minded, ovvero gli ottimisti e idealisti "razionalisti" caratterizzati da uno spirito tenero e Though-minded, ovvero gli scettici "empiristi" caratterizzati da uno spirito tenace. Oltre a James, che Jung ritiene sia quello che abbia fatto le migliori osservazioni sulle tipologie psicologiche, Jung menziona altri autori che hanno individuato due opposte attitudini tipologiche: Wilheim Oswtald che nel tentativo di formulare le leggi che permettono agli scienziati geniali di fare carriera, li suddivide in tipi romantici e tipi classici; Wilhelm Worringer che fa una distinzione tra i tipi sentimento e i tipi astrazione; Friedrich Schiller che distingue il tipo ingenuo dal tipo sentimentale; Friedrich Nietzsche con la sua antitesi tra l'impulso apollineo e dionisiaco; Otto Gross che fa una distinzione tra funzione primaria e secondaria distinguendo i tipi con coscienza appiattita dai tipi i con coscienza ristretta. Jung cita inoltre numerosi filosofi, oltre Nietzsche di cui apprezza le capacità intuitive, ed è particolarmente influenzato da Schopenhauer e Hegel che definisce «precursori dell'intuizionismo nicciano» (idem p.339).

Beebe e Faldzer nella loro introduzione a *The Question of Psychological Types* nominano altri autori che Jung stranamente non citò, ma che probabilmente esercitarono anch'essi una forte influenza nella sua elaborazione della teoria dei tipi: «William Stern, Alfred Binet e Sandor Ferenczi. In Germania Stern aveva fatto la distinzione tra i tipi dal giudizio obiettivo, il cui giudizio era principalmente determinato dagli stimoli esteriori, e i tipi dal giudizio soggettivo, il cui giudizio era primariamente determinato dallo stato del soggetto. Alfred Binet (1903) aveva sostenuto che ci sono «due tipiche forme differenti di reazione» in associazione alle parole date «oggettività, la tendenza a vivere nel mondo esteriore e soggettività, la tendenza a chiudersi nella propria coscienza». Binet definì, in francese, questi tipi "introspezione" ed "esternospezione". Secondo Ellenberg, Jung avrebbe potuto leggere quel libro quando si trovava a Parigi ed essersene dimenticato. Nel 1909 Fer;nczi pubblicò Introjection and Transference in cui afferma che tutti i nevrotici soffrono dal fuggire via dai propri complessi e formula una distinzione tra "proiezione" e "introiezione". Sebbene la descrizione di Ferenczi dell'interconnessione dei movimenti centrifughi verso i movimenti centripeti non è completamente congruente con il concetto di Jung di introversione ed estroversione, ci sono alcune similarità col suo pensiero, e ci si stupisce del fatto che Jung non fece menzione del lavoro del suo precedente studente. Ma forse, la presentazione di Jung va vista nel contesto della rottura di Freud con Adler e della sua stessa rottura» (Beebe, Faldzer 2013 traduzione mia). Jung in realtà nei *Tipi Psicologici* cita Ferenczi, nel suo capitolo finale dedicato a un glossario di definizioni e concetti relativamente alla definizione di "introiezione" e "proiezione", non lo cita però tra gli studiosi da cui ha tratto ispirazione nell'elaborazione della sua teoria ed è indubbio che Jung conoscesse bene il lavoro di Ferenczi. Per quanto riguarda gli altri autori non citati, come insegna la psicologia cognitivista, Jung potrebbe averli letti e in totale buona fede essersene dimenticato. D'altra parte nella sua introduzione alla prima edizione di *Tipi psicologici* Jung sostiene: «[…]il voler raggiungere una compiutezza anche soltanto approssimativa nel mettere insieme un elenco siffatto del materiale e delle opinioni relative a questo tema è cosa che andrebbe troppo al di là delle mie forze [..]» (Jung 1921 a). Altro aspetto fondamentale, per cogliere appieno il pensiero di Jung, è la sua attrazione per il misticismo e l'alchimia. Sebbene Jung si sia dedicato allo studio approfondito di tali temi dopo la stesura di *Tipi psicologici,* secondo Marie-Louis von Franz egli nella sua teoria delle quattro funzioni aveva già colto intuitivamente la struttura quadruplice della psiche che «compare ovunque nel simbolismo dei miti e delle religioni» (von Franz 1988), ad esempio nei quattro bracci della croce, nel simbolo dei quattro evangelisti, nei mandala ecc.

Una testimonianza importante per capire i passaggi che portarono Jung all'elaborazione finale della sua teoria dei tipi psicologi la troviamo nella raccolta delle epistole tra questi e Hans Schmid.

Hans Schmid era uno psichiatra che Jung conobbe a una conferenza di psichiatria nel 1911 e che in seguito si stabilì temporaneamente a Zurigo per studiare psicologia analitica con lui. La loro collaborazione si trasformò in un'amicizia e Jung nel 1915, per portare avanti la sua ricerca sui tipi psicologici cominciò con Schmid una fitta corrispondenza. Il patto era che entrambi dovevano sentirsi liberi di parlare apertamente l'uno all'altro includendo anche le rispettive reazioni emozionali durante le loro dissertazioni epistolari sulle tipologie psicologiche. Jung, che in quel periodo si considerava un tipo Pensiero Introverso, avrebbe enfatizzato la sua introversione nell'esporre le sue idee e lo stesso avrebbe fatto Schmid, che Jung considerava Sentimento Estroverso. Jung parte dal presupposto di base che la tipologia estroversa e quella introversa non saranno in grado di comprendersi a vicenda: «Una cosa abbiamo visto chiaramente: il problema non è tanto di formulare le differenze tra i tipi in modo logico, ma piuttosto l'accettazione di un punto di vista che è diametralmente e opposto al nostro, e che essenzialmente impone il problema di due *tipi di verità* su di noi. [...] Entrambi i punti di vista sono in accordo con la verità. Di fatto queste sono due verità, due differenti, ma ugualmente autentiche, percezioni di una sola e stessa situazione. Una verità dice: è questo, mentre l'altra dice, è anche quest'altro (ma non voglio vederlo). Prima ho scritto: tu sei irrazionale. Ma penso che analiticamente, direi: anche io lo sono (ma non voglio vederlo). Perché il razionale è ciò che viene dalla mia coscienza, quello che è comprensibile, mentre l'irrazionale è quello che è presente nel mio inconscio, e quello che è incomprensibile. Nella misura in cui tu, in base al tuo carattere rappresenti il punto di vista del sentimento, mentre definisco il tuo punto di vista irrazionale, sto di fato proiettando un giudizio, che rappresenta la verità solo per me. Per te invece il tuo punto di vista del sentimento è razionale. Ma siccome io mi attengo al punto di vista del pensiero, non posso essere cosciente contemporaneamente del punto di vista del sentimento, che per me, di conseguenza, non rientra nella categoria del razionale ma è necessariamente irrazionale. Per lo stesso motivo, per te il punto di vista del pensiero rientra nella categoria dell'irrazionale, perché per te la razionalità è legata al punto di vista del sentimento. [...] Ma la persona pensiero accetta i sentimenti che corrispondono al suo pensiero, e la persona sentimento accetta pensieri che corrispondono al suo sentimento. I due parlano lingue differenti, così spesso non possono capirsi affatto. Sospetto persino che le persone pensiero parlano del sentimento quando stanno in realtà pensando, e le persone sentimento di pensiero quando stanno provando sentimento. È sicuro, in ogni caso, che quello che la persona definisce pensiero è solo una rappresentazione ma non un'astrazione. Il suo approccio al pensiero è quindi straordinariamente concretistico, e si nota subito che non può trasformarsi in un'astrazione. Vice versa, il sentimento della persona pensiero non è affatto quello che la persona sentimento definirebbe sentimento, ma è piuttosto una *sensazione*, come un principio di natura reattiva, e quindi molto concretistico se non addirittura "fisiologico".» (1Jung 1915 epistola 1 traduzione mia). Schmid ha una visione più ottimistica relativamente alla possibilità delle due tipologie di comprendersi a vicenda: «Non mi sono mai scoraggiato, o disperato nel trovare simili tipologie di opposti nei campi più svariati. Ho cercato di trovare consolazione nel fatto che lo sviluppo non sarebbe affatto possibile senza gli opposti. Non ho mai visto il problema dei tipi sotto la prospettiva dell'esistenza di due verità, piuttosto, direi che ho intravisto, dalla prospettiva del punto di vista genetico, l'esistenza di due poli attraverso i quali avviene lo sviluppo psichico.» (2Schmid epistola 2 traduzione mia.) Qui il termine "razionale" e "irrazionale" non sono ancora utilizzati come lo saranno nei *Tipi psicologici*, sebbene la sua precisazione nell'epistola che "il punto di vista del sentimento è anche razionale visto dalla prospettiva della persona sentimento" è un passo verso la successiva visione junghiana che entrambi il pensiero e il sentimento sono funzioni "razionali". Il modello della psiche da cui partono i due studiosi all'inizio della loro ricerca, oltre a due tipi psicologici estroverso-introverso che si escludono a vicenda e che governano l'attitudine conscia dell'individuo, include il riconoscimento dell'inconscio in cui l'attitudine opposta sarebbe presente in una forma inferiore, meno sviluppata. La corrispondenza tra Jung e Schmid rappresenta una tappa importante nell'elaborazione della teoria dei tipi che noi oggi conosciamo. Nella prefazione alla prima edizione di *Tipi psicologici* datata primavera 1920, mentre spiega che nella stesura del libro ha omesso di includere molto del materiale che è andato a raccogliere nel corso degli anni afferma: «A questa rinuncia è stato sacrificato anche un documento prezioso che mi fu di grandissimo aiuto. Si tratta di una voluminosa corrispondenza sul problema dei tipi che ho avuto con un mio amico, il fu dottor H. Schmid di Basilea. A questo scambio d'opinioni devo assai numerosi chiarimenti, e molto invero ne è passato in questo libro, in forma modificata e più volte elaborata. Questa corrispondenza appartiene sostanzialmente a quei lavori preparatori la cui pubblicazione creerebbe più confusione che chiarezza.» (Jung 1921 a). È durante la corrispondenza con Schmid che Jung identifica per la prima volta il Sentimento come funzione razionale e che comincia a collegare la Sensazione a una funzione. Tuttavia in questo periodo continua ancora a considerare l'introverso e l'estroverso due tipologie a sé stanti collegando il primo al Pensiero e il secondo al Sentimento e non compare ancora la funzione Intuitiva. La scoperta di un ulteriore funzione, quella Intuitiva, la deve a Miss M. Moltzer che aveva introdotto questo concetto in due sue conferenze che tenne al Psychological Club di Zurigo nel 1916, sebbene il modello rielaborato da Jung si discosta molto dal modello della Moltzer (Beebe, Faldzer 2013). La svolta nel sistematizzare la teoria dei tipi psicologici di Jung avviene quando passa dal considerare l'introversione e l'estroversione non più come due tipologie psicologiche bensì come due attitudini, ovvero come due categorie a sé stanti che stanno al di sopra delle funzioni tipologiche. Jung comincia quindi a distinguere le attitudini dalle funzioni, queste ultime possono essere più o meno indipendenti tra loro e possono apparire in qualsiasi combinazione che può variare da individuo a individuo. Oltre al Pensiero e al Sentimento introduce la Sensazione (analoga alla funzione del reale di Janet) e infine, ispirato dalla Motzler, l'Intuizione. Questa concettualizzazione deve essere avvenuta tra la fine del 1916 e del 1919. In una lettera datata 18 Dicembre1917 scrive a Sabina Spierlein che lei è «un tipo intuitivo estroverso» (idem). La stesura definitiva dei *Tipi Psicologici* come oggi noi li conosciamo fu terminata nella primavera del 1920 e pubblicata l'anno successivo.

1.3 La teoria dei tipi psicologici: disposizioni e funzioni

Jung suddivide i tipi secondo due disposizioni fondamentali: estroverso ed introverso. La sua classificazione si basa sul rapporto che l'individuo ha con l'oggetto. Nel primo il movimento della libido, si muove verso l'oggetto, nel secondo verso il soggetto. In altre parole, l'estroverso investe energia psichica e aspettative nel mondo esterno che per lui rappresenta l'unica realtà importante, ha quindi un rapporto spontaneo con l'oggetto, è portato ad adattarsi alle richieste e i valori dominanti della società. L'introverso non è interessato all'oggetto esterno ma alla sua realtà interiore, soggettiva; la sua rappresentazione del mondo si basa su degli schemi soggettivi che sono più importanti della realtà stessa e che determinano il suo modo di pensare, sentire e agire. La classificazione di Jung, quindi, si basa su un concetto di psicologia dinamica, per lui non è importante catalogare e categorizzare i contenuti della psiche ma seguirne il movimento, capire come si muovono le energie psichiche di un individuo. Pur non disponendo di criteri rigorosamente scientifici per dimostrare la sua teoria egli è incline a pensare che la disposizione estroversione - introversione sia di natura biologica: «Per ciò che concerne la disposizione specifica, non posso dire altro se non che vi sono evidentemente individui i quali hanno una maggiore facilità e capacità, oppure una maggiore convenienza, a raggiungere il proprio adattamento in un modo piuttosto che in un altro. Probabilmente intervengono fattori di natura fisiologica che a noi restano ignoti. Che essi siano di natura fisiologica mi pare probabile in base al fatto convalidato dall'esperienza, che una inversione del tipo può talvolta pregiudicare gravemente il benessere fisiologico dell'organismo, determinando per lo più un forte esaurimento» (Jung 1921c, p.18,19). Per Jung quindi l'introversione e l'estroversione dipendono da un processo di adattamento sociale, che in base a una predisposizione fisiologica porta determinati individui a sviluppare una disposizione per l'uno o l'altro di questi poli. Jung sottolinea che in occidente l'atteggiamento introverso è socialmente penalizzato rispetto a quello estroverso, tuttavia egli non considera un atteggiamento più equilibrato dell'altro. Per comprendere la visione di Jung dobbiamo considerare entrambi gli atteggiamenti lungo un'ipotetica linea di continuum in cui sia l'eccesso di estroversione che di introversione portano a manifestazioni

nevrotiche o possono sfociare nella psicopatologia, mentre quando una delle
due disposizioni predomina moderatamente rispetto all'altra, ma non è esclu-
siva, ne risulta un comportamento nel complesso equilibrato in cui tuttavia
prevarrà sempre una maggiore disposizione verso l'oggetto o verso il soggetto. Jung, pur nei limiti di una teoria empirica scarsamente supportata da
dati scientifici riproducibili e verificabili, dà forte rilevanza alle cause che sot-
tostanno ai due opposti atteggiamenti: il processo di adattamento unito a una
predisposizione fenotipica. A tale proposito il dott. Mario Trevi nella sua introduzione a *Tipi psicologici* sostiene: «Jung, si rivela qui sensibilissimo al
conflitto tra l'ambiente (inteso largamente, dalla famiglia al gruppo sociale,
fino alla società nel suo insieme e l'individuo) e anticipa, sotto questo profilo,
alcune tematiche della psichiatria sociale della seconda metà del nostro secolo. L'ambiente potrebbe – volontariamente o no – proporre dei modelli ti-
pologici che sono in netta opposizione alla naturale dotazione atteggiamentale
e funzionale del bambino, con la conseguenza di reprimere tale dotazione e di
forzare il soggetto allo sviluppo, necessariamente innaturale, di altri atteggiamenti e di altre funzioni» (Tipi psicologici b, p. 32).

Fondamentale, nella concezione di Jung, il concetto che ad ogni atteggiamento corrisponde il suo opposto inconscio: «L'estroverso mantiene perlopiù
al di sotto della coscienza, in uno stato indifferenziato, una potenziale attitudine all'introversione, che tradisce la tendenza a svalutare l'oggetto, l'introverso nasconde a sua volta nell'inconscio la propensione a subire il fascino
dell'oggetto» (Jung 1921c). Un tipo estroverso tenderà quindi a sviluppare un
inconscio introverso che sarà direttamente proporzionale al grado di estroversione dell'atteggiamento cosciente dell'individuo e viceversa.

La disposizione all'estroversione o all'introversione non corrisponde a una
tipologia psicologica come lo stesso Jung aveva postulato prima di giungere
all'elaborazione finale della sua teoria, ma a un'attitudine, come essere destri-
mani o mancini, che sicuramente influisce sulla personalità dell'individuo e
sul suo modo di rapportarsi con il mondo, ma non determina la tipologia che
è invece correlata alle funzioni. Le funzioni corrispondono a dei processi cognitivi che la coscienza utilizza per orientarsi nel mondo, Jung ne distingue
quattro fondamentali: pensiero, sentimento, sensazione, intuizione. «La sensazione ci dice che qualcosa esiste; il pensiero grosso modo ci dice di che cosa
si tratta. Il sentimento ci dice se è piacevole o meno, se va accettato o rifiutato

e [...] l'intuizione è una percezione che passa per l'inconscio» (Jung 1957 in McGuire, Hull 1977).

In ogni individuo si muovono tutte e quattro le funzioni tuttavia una di queste è sempre più sviluppata delle altre mentre alcune restano sottosviluppate. Ogni tipo quindi è caratterizzato da una funzione ipertrofica, che Jung definisce primaria, e spesso anche da una seconda funzione sufficientemente sviluppata, seppure non quanto la prima, che Jung definisce secondaria. Vi è poi la funzione inferiore che è la meno sviluppata delle quattro ed è fondamentale nell'analisi junghiana in quanto corrisponde alla parte scissa dell'inconscio, di conseguenza rappresenta l'aspetto più arcaico, barbaro ed infantile della personalità dell'individuo. È la quarta funzione che rimane nascosta nell'inconscio, quella dove si annida l'ombra dell'individuo. La terza funzione invece è anch'essa solitamente indifferenziata, ma un pochino meno della quarta. La von Franz sostiene che è impossibile accedere direttamente alla quarta funzione, mentre è possibile lavorare sulla differenziazione della terza.

1.4 Il concetto di polarità delle funzioni

Le funzioni sono a loro volta suddivise in due coppie di opposti, una considerata razionale in quanto si basa su pensieri logici e l'attribuzione di valori e corrisponde alla coppia pensiero-sentimento, l'altra irrazionale in quanto si basa su funzioni percettive non dettate da giudizi, ma dai puri dati di fatto, e corrisponde alla coppia sensazione-intuizione.

Un concetto cruciale per comprendere la teorizzazione di Jung è quello della polarità delle due funzioni, che, allegoricamente, possiamo paragonare al polo negativo e positivo di una batteria, i cui due poli sono rappresentati rispettivamente dalla funzione razionale e irrazionale. Se la funzione principale di un tipo psicologico corrisponde a un polo, la sua seconda funzione non potrà fare parte dello stesso polo ma del polo opposto, esattamente come una batteria per funzionare ha bisogno di un polo positivo e uno negativo. Per fare un esempio un tipo psicologico potrà essere caratterizzato dalla funzione principale Pensiero che è razionale e dalla funzione secondaria Sensazione o, in alternativa, dall'Intuizione, perché entrambe sono funzioni irrazionali, ma non potrà avere come funzione secondaria il Sentimento che, come il Pensiero, è una funzione razionale. La funzione prevalente razionale quindi si appoggia sempre come funzione secondaria ad una irrazionale e viceversa. Altra peculiarità delle tipologie psicologiche di Jung è che la funzione Sentimento, contrariamente a quanto detterebbe il senso comune, è considerata una funzione razionale. Questo perché il sentimento si esprime mediante giudizi di valore, "mi piace-non mi piace", "buono-cattivo", "degno del mio amore-non degno del mio amore", quindi, secondo la teoria di Jung, le cosiddette follie d'amore, sono più probabili in una tipologia con la funzione sentimento poco sviluppata e non il contrario.

La combinazione della disposizione per l'estroversione o l'introversione e della funzione principale porta a individuare almeno otto tipologie psicologiche differenti che Jung descrive in *Tipi psicologici*, tuttavia egli accenna che possono esistere più di otto tipologie se si prendono in considerazione i tipi con la funzione secondaria molto sviluppata. Altri ricercatori che si sono a lui ispirati approfondendo la sua teoria hanno individuato un numero maggiore di tipologie.

La personalità equilibrata per Jung si raggiunge attraverso il processo di individuazione che consiste nella presa di coscienza e accettazione da parte dell'individuo della sua funzione prevalente e nel portare alla luce gli atteggiamenti inconsci integrandoli con la sua tipologia di base. Si tratta di un processo di adattamento che non ha mai fine: «Pensare che il processo di individuazione abbia un termine funzionale e cronologico all'interno dell'esistenza concreta è fare un torto allo stesso concetto di individuazione che non tollera termini e il cui processo è solo "interrotto" dalla morte naturale dell'individuo» (Trevi, Tipi psicologici b, p. 27).

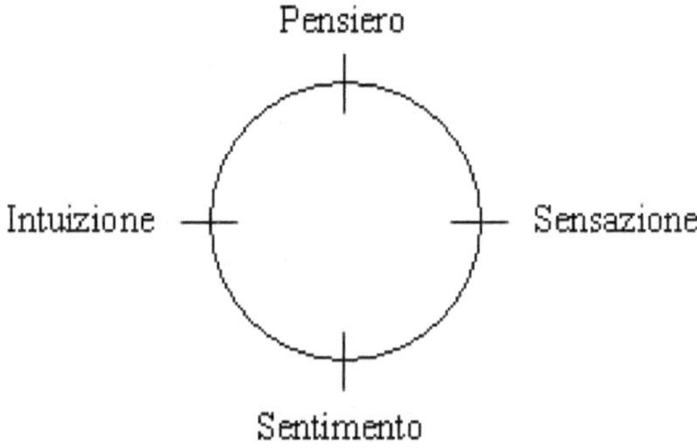

CAPITOLO 2

Gli otto tipi psicologici di Jung

2.1. L'atteggiamento Estrovertito

L'estroverso ipertrofico, secondo Jung, è colui che «si sottomette alle circostanze così come si presentano, perché, come mostra l'esperienza, non si può fare altro» (Jung 1921c p. 19). Si tratta di un individuo aperto, orientato all'ambiente esterno, molto attento al contesto sociale e facilmente adattabile, talvolta suggestionabile e incline a lasciarsi influenzare da altre persone, portato per il conformismo, le relazioni sociali, tende a scegliere interessi e professioni senza ascoltare le sue inclinazioni soggettive ma cercando di captare ciò che gli altri si aspettano da lui o che è più conveniente fare per adattarsi alla realtà esterna. Questo non significa che non abbia opinioni soggettive, ma queste non determinano l'orientamento della sua vita e la loro influenza è minore di quella delle condizioni obiettive esterne; ciò vale anche per le sue concezioni morali, tenderà a comportarsi in modo da non perturbare le leggi sociali. Jung puntualizza la differenza tra "inserimento" e "adattamento". L'inserimento può avvenire anche in una società anormale che si basa su parametri momentanei, mentre l'adattamento richiede l'osservanza di leggi più generali. Il rischio di un atteggiamento estremamente estroverso è quello di riuscire ad "inserirsi" senza però realmente "adattarsi" al suo ambiente, la conseguenza è che finché le condizioni anomale dell'ambiente portano alla prosperità l'individuo prospera con esso, ma quando questo va in rovina egli precipita con esso. Un altro rischio della personalità estroversa consiste nel negare le sue necessità soggettive per compiacere le richieste dell'ambiente. L'isteria, secondo Jung, è una delle forme più tipiche di nevrosi che caratterizzano l'estroverso, egli la definisce una «reazione compensatoria da parte dell'inconscio, di fronte all'esagerata estroversione, che costringe, mediante disturbi somatici, l'energia psichica all'introversione» (idem, p.24). Un esempio del tipo estroverso secondo Jung è il celebre scienziato Charles Darwin.

2.2. Atteggiamento dell'inconscio Estrovertito

Per Jung l'inconscio ha la funzione di "compensazione", esattamente come il polo positivo compensa quello negativo nella trasmissione di energia elettrica, così più è predominante l'atteggiamento estroverso più dovrà essere compensato psichicamente da un atteggiamento inconscio opposto. Le esigenze inconsce del tipo estroverso tendono di conseguenza a essere egocentriche, a reclamare cioè i desideri e bisogni soggettivi che vengono respinti dal tipo estroverso. Tanto più sono negati tanto più affioreranno nell'inconscio in una forma primitiva, infantile, egoistica, arcaica, assumendo un carattere altamente distruttivo. L'inconscio introverso emerge ad esempio quando una persona solitamente amichevole e affabile fa dei commenti assolutamente indelicati e privi di tatto nei confronti di qualcuno, ad esempio amici, parenti, colleghi, senza riuscire a esercitare un controllo su di essi.

Portato all'estremo l'atteggiamento inconscio non riconosciuto e non integrato può causare un crollo nervoso che si manifesta con un effetto paralizzante sull'azione cosciente: «Gli individui o non sanno più ciò che realmente vogliono o non trovano più piacere in nulla, oppure vogliono troppe cose in una volta e si appassionano eccessivamente per cose che però sono irrealizzabili. La mortificazione delle esigenze infantili e primitive, che spesse volte è imposta dalle necessità stesse della civiltà, conduce facilmente alla nevrosi o all'abuso di narcotici, come alcool, morfina, cocaina, ecc. In casi ancor più gravi il conflitto finisce col suicidio» (Jung 1921c p.28)

2.3 Il tipo Pensiero Estroverso

Il tipo pensiero estroverso orienta la sua vita basandosi su teorie del mondo di tipo intellettuale dedotte da fatti obiettivi. Il bene e il male, il bello e il brutto, il giusto e lo sbagliato vengono valutati in base a questa formula e ciò che non è conforme ad essa è respinto o ignorato. Per valutare che tipo di pensiero caratterizza una persona dobbiamo chiederci su cosa si basa il suo giudizio, nel caso dell'estroverso oltre che su situazioni esterne obiettive può dipendere anche da idee purché queste siano principalmente desunte dall'esterno (cultura, tradizione, educazione, processo di formazione individuale). Vi sono idealisti estroversi, sostiene Jung, che «in omaggio appunto ai loro ideali, vogliono realizzare la salvezza degli uomini con un ardore tale

da non indietreggiare di fronte alla menzogna o ad altri mezzi disonesti»
(Jung 1921c, p.41). Il Pensiero Estroverso tende a trasformare il suo ideale
in realtà giacché «è secondo lui la più pura formulazione della realtà obiettiva e deve pertanto essere anche una verità universalmente valida, indispensabile per il bene dell'umanità» (idem, p.38). «In genere, le motivazioni inconsce di questo tipo si basano su credenze ingenue e infantili nella pace,
nella carità e nella giustizia. Se lo obbligaste a precisare che cosa intende
per "giustizia", rimarrebbe stupito e probabilmente vi butterebbe fuori dal
suo ufficio perché lui "ha molto da fare"». (Von Franz 1988, p.72,73). Qua-
lora valori come l'altruismo, la difesa e il supporto del più debole, la tolle-
ranza dovessero entrare a fare parte del suo modello ideale di realtà provve-
derà a cercare di attuarli basandosi su criteri burocratici, fondando istituzioni, strutture organizzate, associazioni, case di ricovero, ospedali, scuole,
piani e progetti, non considerando però che la vera empatia poco ha a che
fare con il rigore burocratico. Questo tipo può influenzare proattivamente la
realtà realizzando opere e riforme di utilità pubblica, tuttavia cade nel rischio
di perdersi in cavilli sterili cercando di comprimere sé stesso e gli altri in
uno schema, ma non esiste uno schema che possa raccogliere le infinite sfac-
cettature della vita, così finirà per reprimere altri importanti aspetti dell'esistenza. Jung sostiene che la funzione maggiormente repressa di questa tipologia è il sentimento, di conseguenza tenderà a inibire le manifestazioni este-
tiche, il gusto, il senso artistico, il culto dell'amicizia, tutto ciò che ritiene
irrazionale, come le esperienze religiose, le emozioni passionali ecc. «L'ele-
mento soggettivo rimane sullo sfondo della sua personalità. Le premesse dei
suoi ideali restano nel regno della sua funzione inferiore, il sentimento»
(idem p.73). Ciò non significa che egli non provi sentimenti, ma che ha difficoltà ad esprimerli: «Sono assolutamente fedeli nei loro sentimenti, ma è
necessario andare loro incontro per sapere che essi esistono» (von Franz
1988, p. 75). Il tipo pensiero estroverso spinto all'estremo arriva ad abolire
tutto ciò che si intromette tra lui e gli ideali che vuole realizzare incluso la
sua stessa persona. Trascura la propria salute, la propria economia, i propri
affetti in nome della sua causa. È incline al pensiero dogmatico, al fanatismo
(che Jung definisce un dubbio ipercompensato). «Quando crede fermamente
in qualche cosa è incapace di esprimere il proprio sentimento verso di essa,
ma certamente non ha incertezze sui propri valori interiori» (Jung 1921c,
p.73). Secondo la von Franz la conversione improvvisa in una fede religiosa,

politica o in un ideale, è un esempio della funzione indifferenziata del sentimento che irrompe nel tipo Pensiero Estroverso. Nel suo aspetto positivo invece è un tipo di pensiero analitico portato alla sintesi e al progresso il cui risultato è la realizzazione di cose concrete e utili agli altri. Gli organizzatori, gli alti funzionari amministrativi e governativi, gli uomini d'affari e gli scienziati, spesso, secondo la von Franz, fanno parte di questa tipologia.

2.4 Il tipo Sentimento Estroverso

Il sentimento estroverso nell'espressione del suo giudizio è fortemente influenzato dai valori della società che ha introiettato durante il suo processo di adattamento. Questa tipologia non giudica qualcosa come "bello" o "brutto", "buono" o "cattivo" perché effettivamente lo valuta tale, ma perché ciò è conveniente secondo i criteri dettati dalla società. Non dobbiamo per questo pensare che il giudizio di un sentimento estroverso sia falso, ipocrita o simulato, il più delle volte questo tipo è convinto delle sue affermazioni e le percepisce come autentiche in quanto non è in grado di percepire cosa sente la sua controparte soggettiva che rimane sepolta nell'inconscio. Jung attribuisce a questa forma di sentimento la ragione per cui «tanta gente va a teatro o ai concerti o in chiesa e ci va con sentimenti positivi esattamente commisurati alla circostanza. Ad essa si devono le mode [...] Senza questa forma di sentimento una società bella e armonica sarebbe impensabile» (Jung,1921c, p.49). Jung sostiene che questo tipo di sentimento è più facilmente riscontrabile nel genere femminile. Per effetto dell'educazione (non dimentichiamo che Jung si riferisce a donne di circa un secolo fa) la donna tende ad adattare la funzione sentimento al controllo della coscienza trasformandolo in una norma. «Solo se esagerano, o se il loro sentimento estroverso si è già esaurito, con la conseguenza che devono cominciare a pensare, potrete notare che questo atteggiamento acquista qualcosa di meccanico, il sapore delle frasi ripetute per abitudine» (von Franz 1988, p.81). Il sentimento perde allora calore e spontaneità e a un osservatore esterno può apparire freddo, calcolato, falso, artificiale anche se spesso non c'è un'intenzione consapevole da parte di questo tipo di apparire così. La donna "sentimento estroverso", secondo Jung, è quella che sceglie un compagno o un marito non perché piaccia alla sua natura soggettiva con cui oltretutto non riesce a entrare in contatto, ma perché è una persona socialmente conveniente per età, condizione economica, posizione sociale; tale tipo di donna il più delle volte prova un rispetto sincero per il marito e sente di esserne innamorata, spesso si rivela una buona moglie e una buona madre. Questa tipologia ha la tendenza a reprimere il pensiero quando la costringe a conclusioni che non corrispondono al suo sentimento, ma questo per effetto di compensazione cresce come pensiero inconscio svalutando gli oggetti che sono maggiormente valutati dalla funzione del sentimento cosciente. «Il suo pensiero, essendo inconsapevole, tende a diventare grossolano e negativo […] Anche nei confronti del prossimo ho spesso notato che il tipo Sentimento Estroverso tende a pensare in modo esageratamente critico, direi che formula giudizi di pensiero ipercritici, che egli però non si permette di esprimere apertamente. […]. È facile lasciarsi allettare dal tipo sentimento estroverso e salire sul suo carro ben lubrificato, in un'atmosfera del tipo "ci vogliamo tutti bene e andiamo tutti d'accordo". Poi, improvvisamente, può capitare che egli vi venga a dire qualcosa che vi darà l'impressione di aver ricevuto un blocco di ghiaccio in testa!» (von Franz 1988, p.82). Secondo la von Franz questi tipi non amano stare da soli per evitare di cadere in balia della loro funzione inferiore (pensiero introverso) che li porta a fare pensieri negativi fluttuanti, di conseguenza si tengono spesso occupati in attività che li portino fuori in mezzo agli altri o se proprio devono rimanere soli tenderanno ad accendere la radio, la televisione o ad essere sempre presenti sui social network. Sono anche tra i tipi più empatici e più propensi ad occuparsi degli altri, a prestare il loro aiuto anche a scapito di sé stessi. La manifestazione nevrotica tipica di questo tipo per Jung è l'isteria.

2.5 Il tipo Sensoriale Estroverso

Si tratta di un tipo realista che valuta la concretezza dell'oggetto in quanto interessato alle sensazioni che questo può procurargli. Percepisce la realtà mediante i sensi perché è alla ricerca di nuove e continue sensazioni di cui godere, non perché sia interessato alla costruzione di una teoria della realtà traendo frutto dalla sua esperienza. Una sorta di epicureo la cui morale si fonda sulla regola che è giusto godere dei sapori che la vita ci offre finché possiamo. Jung lo descrive come «un uomo non sgradevole, anzi, sovente è capace di godere in modo piacevole e vivo; talora è un allegro compagnone, talora un esteta pieno di gusto. Nel primo caso i grandi problemi della vita dipendono da un pranzo più o meno buono, nel secondo sono una questione di buon gusto» (Jung 1921c, p.61). Si sente a suo agio solo di fronte alla realtà tangibile, incapace di entrare in contatto con il suo mondo psichico o quello altrui, attribuisce tutto a cause fisiche, ad esempio un sintomo depressivo alla mancanza di sole. Tende a utilizzare l'oggetto unicamente come strumento di sensazione, negandone il valore soggettivo, spingendo all'estremo il suo legame con esso. «Si tratta di individui che osservano tutto, fiutano tutto, e se entrano in una stanza sanno dopo un istante quante persone ci sono. In seguito, ricordano sicuramente se c'era la signora Tal dei Tali e com'era vestita» (von Franz 1988, p.49). La funzione inconscia rimossa, l'intuizione, lo spinge a proiettare sull'oggetto contenuti stravaganti, talvolta intrisi di superstizioni e fobie che sono in pieno contrasto con il senso di realtà posseduto dalla coscienza: «se si tratta di un oggetto sessuale hanno una parte di rilievo le fantasie di gelosia, come pure stati ansiosi. Nei casi più gravi si sviluppano fobie di ogni specie e particolarmente sintomi ossessivi. I contenuti patologici hanno un notevole carattere di irrealtà e spesso un colorito morale e religioso» (Jung, 1921c, p.62). Il tipo Sensazione Estroversa molto unilaterale tende a rifiutare le idee che provengono dai tipi intuizione in quanto le ritengono «insana fantasia o immaginazione idiota [...]», la sua intuizione tende ad essere autocentrata e concretista «[...] l'intuizione inferiore ruota attorno alla posizione del soggetto, molto spesso sotto forma di impressioni oscure o presagi o premonizioni che riguardano malattie o altre disgrazie che potrebbero capitargli» (von Franz 1988, p.50,51). È poco portato per il pensiero simbolico, se ha un'intuizione o una fantasia deve dargli una forma concretistica. Tende a essere spregiudicato e difficilmente riesce a porsi dei limiti mancandogli la capacità di un giudizio razionale, propria invece dei due tipi precedenti. La von Franz sostiene che «questo tipo è presente tra i bravi alpinisti, gli ingegneri e gli uomini d'affari, tutti dotati di un senso ampio e accurato della realtà esterna in tutte le sue differenziazioni» (idem, p.50).

2.6 Il tipo Intuitivo Estroverso

Questo tipo ha una forte dipendenza dalle situazioni esterne ma a differenza dei tipi precedenti non ambisce né al godimento dei sensi, né alla stabilità, bensì cerca possibilità. Jung sostiene: «Egli ha un fiuto particolare per ciò che sta germogliando e che promette di realizzarsi per l'avvenire» (Jung 1921c, p.67). Egli quindi è poco incline al conformismo ed alle situazioni comode e consolidate, è attratto invece dal nuovo, dalla possibilità di costruire nuove realtà, ma una volta raggiunta la meta, se ciò che ha costruito non sembra offrirgli ulteriori possibilità di sviluppo lo abbandona freddamente e riparte alla ricerca di nuove situazioni. La stabilità per questa tipologia rappresenta una sorta di prigione, ciò che in precedenza gli sembrava la cosa più desiderabile di tutta la sua vita e in cui si è buttato con entusiasmo investendo tutte le sue energie si trasforma in una nuova gabbia da cui evadere per ritornare alla ricerca di nuove avventure. «La moralità dell'intuitivo non è né di natura intellettuale né di natura affettiva; egli ha tuttavia una sua propria moralità e cioè la fedeltà al suo punto di vista e la docile sottomissione alla sua potenza» (idem). È il classico avventuriero della letteratura, una sorte di Ulisse dantesco alla ricerca delle colonne d'Ercole. In nome della sua missione trascura sia il proprio benessere sia quello altrui, a differenza del tipo pensiero e sentimento estroverso non tiene in alcun conto le tradizioni e le consuetudini altrui. Jung sostiene che «molti commercianti, imprenditori, speculatori, agenti di cambio, uomini politici appartengono a questo tipo» (idem p.68). La von Franz aggiunge anche i giornalisti e gli editori Tuttavia, aggiunge Jung, questo tipo è frequente anche nelle donne in cui l'attività intuitiva si manifesta più facilmente in campo sociale: «Tali donne riescono a trar profitto da tutte le possibilità di carattere sociale, ad allacciare relazioni in società, a scovare uomini che presentino probabilità di successo, salvo poi lasciar cadere ogni cosa di fronte a nuove eventualità» (idem). Nella sua accezione positiva è un precursore dei tempi, un paladino del progresso e dell'emancipazione, se il suo interesse anziché verso le cose è orientato verso le persone può rivelarsi un ottimo motivatore e stimolare gli altri a sviluppare le proprie potenzialità, suscitando in loro entusiasmo verso mete nuove e inesplorate, salvo poi disinteressarsene dopo un po' di tempo. Il rischio di questa tipologia è che essendo troppo occupato a correre dietro progetti nuovi non riesca a trarre vantaggio e a godere pienamente di quanto ha realizzato, così che altri raccolgono ciò che ha seminato mentre lui rimane a mani vuote. «In genere non si cura del proprio corpo e dei propri bisogni fisici. Non sa mai quando è stanco, non se ne accorge; ci vuole un crollo perché ne prenda atto. E neppure si accorge di quando ha fame» (von Franz 1988, p.63). Tende a reprimere il pensiero e il sentimento alimentando nel suo inconscio meccanismi di tipo proiettivo in parte simili a quelle del tipo sensoriale ma più legati alla concretezza che all'aspetto magico come nel sensoriale. La von Franz porta l'esempio di un suo paziente Intuizione Estroversa dai cui sogni emergeva l'immagine di un barbone sporco e collerico che sedeva nelle osterie, ovvero il suo alter ego sensoriale estroverso. È facile che il tipo intuitivo «si attacchi tenacemente a una donna (o, nel caso opposto, a un uomo) che non gli si addice per nulla, e ciò perché questa persona ha colpito la sfera delle sensazioni arcaiche» (Jung 1921c, p. 69). Il rifiuto del limite imposto dalla ragione porta il suo inconscio a compensare sotto forma di idee ossessive, cavillosità, fobie, ipocondria.

2.7 L'atteggiamento Introvertito

L'introverso ipertrofico, secondo Jung, è colui che è convinto che «anche se per mille volte di seguito le cose si sono svolte in un modo, la millesima prima possa costituire un nuovo caso e così via» (idem, p.19). Ciò perché a differenza dell'estroverso non orienta il suo comportamento in base a dati oggettivi estrapolati dalla realtà esterna, ma in base a ciò che l'impressione esterna rimuove nel suo mondo interiore soggettivo. Jung definisce fattore soggettivo «quell'azione o reazione psichica che, fondendosi con l'influenza esercitata dall'oggetto, dà vita a un nuovo fatto psichico» (idem, p.76). Contrariamente alla cultura occidentale che tende a svalutare il fattore soggettivo, Jung ritiene che quest'ultimo abbia un fondamento arcaico legato alla memoria storica dell'umanità (tema che approfondirà nel suo celebre concetto di "archetipo"), lo considera una sorta di istinto innato che permette all'introverso di attingere alle immagini primordiali che fanno parte di ciò che Jung definisce "inconscio collettivo", ciò rende il fattore soggettivo altrettanto valido (e in una certa maniera anche più solido) del fattore oggettivo in quanto la comprensione e le conoscenze elementari rimangono le stesse in ogni tempo e in ogni luogo mentre l'investimento sull'oggetto è più soggetto alla transitorietà e alla casualità. Tuttavia anche il fattore soggettivo non è esente da deformazioni e mutamenti portati dalle peculiarità dello psichismo individuale. La struttura psichica dell'introverso ha una maggiore capienza di quella dell'estroverso in quanto abbraccia anche l'inconscio. Per spiegare tale concetto Jung puntualizza la differenza tra Io e Sé. L'Io rappresenta il centro della coscienza e si forma con l'esperienza e l'educazione, il Sé esiste ancor prima dell'Io e comprende l'inconscio non solo individuale ma dell'intera specie umana. Il problema dell'introverso, essendo portato a seguire le proprie tendenze, è quello di scambiare il proprio Sé con il proprio Io attuando in questo modo «quella morbosa soggettivazione della coscienza, che gli rende estraneo l'oggetto» (idem, p.78). Ad esempio secondo Jung, Adolf Hitler non apparteneva ad una tipologia particolare perché «ha sacrificato la sua individualità subordinandola quasi completamente alle forze dell'inconscio collettivo, e ha la capacità di attingere a questa riserva nascosta. Egli stesso ha accennato al fatto di sentire una Voce che gli parla. Per lui è così, e la Voce che ode è quella dell'inconscio collettivo, in particolare quello della sua razza. È questo che rende così problematico trattare con lui: in pratica, Hitler è la nazione» (Jung 1939, in McGuire, Hull 1977, p.189). Nella sua accezione negativa l'introverso è soggetto a manifestazioni egocentriche, senso di onnipotenza, in quella positiva può rivelarsi un buon educatore che dà l'esempio attraverso la sua vita, ovvero attraverso ciò che è piuttosto che attraverso ciò che dice. I celebri filosofi Kant e Nietzsche per Jung rappresentano un esempio di tipo introverso.

2.8 L'atteggiamento inconscio del tipo Introverso

La svalutazione del fattore oggettivo che caratterizza l'introverso porta, per un meccanismo di compensazione, a sviluppare un inconscio proporzionalmente estroverso al grado di introversione del tipo: «Quanto più l'Io cerca di assicurarsi ogni possibile libertà, quanto più esso aspira all'indipendenza, al predominio e all'affrancamento da ogni impegno, tanto più cade nella schiavitù del dato obiettivo. La libertà dello spirito è messa alla catena di un'umiliante dipendenza finanziaria, la spregiudicatezza del comportamento finisce prima o poi per accasciarsi affranta e smarrita dinanzi alle opinioni collettive, la superiorità morale s'impantana in relazioni di infimo rango, il piacere di dominare scade a querula implorazione d'amore» (Jung 1921c, p.80,81). L'inconscio tenderà a infrangere il desiderio di onnipotenza e le fantasie di superiorità che caratterizzano la coscienza dell'introverso; il suo Io, per difendersi e sopravvivere agli attacchi dell'inconscio dovrà mettere in atto una serie continua di meccanismi di difesa che esauriranno le energie di questo tipo. La tipica nevrosi dell'introverso secondo Jung è infatti la psicoastenia.

2.9 Il tipo Pensiero Introverso

In questo tipo prevale la funzione del pensiero che tuttavia non è rivolto verso gli avvenimenti esterni, ma alle idee che derivano dal suo mondo interiore. Ciò non impedisce al tipo pensiero introverso di interessarsi anche alla realtà obiettiva, ma tale interesse non è predominante, può essere dettato dalla necessità di raccogliere "prove" che confermino le sue idee, o da quella di adeguarsi allo stile estroverso predominante nella società cercando di "travestire" le sue teorie di una logica estroversa, affinché siano accettate dalla società. Jung sostiene che questa forma di pensiero: «non mira a una ricostruzione concettuale della realtà concreta, ma a una trasmutazione dell'immagine oscura in idea chiara. Essa vuol raggiungere la realtà, vuol vedere i fatti esterni così come s'inquadrano nella sua idea e la sua forza creatrice risiede nel fatto che il pensiero di questo tipo può generare anche idee che non erano contenute nei fatti esterni e che pure ne costituiscono l'espressione astratta più adeguata» (idem, p.83,84). Secondo Jung quindi anche il pensiero introverso, pur partendo dal presupposto opposto dell'estroverso, può produrre fatti concreti, ma mentre l'estroverso rischia di conoscere solo una porzione limitata della realtà da lui osservata escludendo tutto ciò che non può essere dimostrato secondo i criteri rigorosamente scientifici, l'introverso rischia di ignorare tutto ciò che non rientra o non conferma il suo modello di realtà o di adattare quest'ultima al modello. Questo tipo ha poco interesse per l'oggetto, nella quotidianità ciò può manifestarsi in un atteggiamento freddo verso cose e persone che possono sentirsi svalutate da lui, ma anche in una certa ingenuità che potrebbe portarlo a cadere vittima di persone che lo sfruttato, lo derubano o danneggiano;

difende le sue idee con tenacia e caparbia senza preoccuparsi se queste possono ledere il sentimento di qualcuno, ma quando si tratta di farle valere e riconoscere dal mondo esterno è poco portato a farsi pubblicità e a trovare la protezione di persone influenti che possano aiutarlo a diffonderle e se ci prova rischia, a causa del suo atteggiamento maldestro, di ottenere l'effetto contrario di quanto si era proposto. La funzione meno sviluppata è il sentimento estroverso, ciò non significa che questo tipo non provi amore, al contrario, come sostiene la von Franz «l'amore del tipo pensiero introverso non conosce il calcolo. È un amore totalmente rivolto verso il bene dell'altro, ma la sua forma è primitiva» (von Franz 1988, p. 78). Il tipo pensiero di conseguenza, mancando della facoltà di giudizio verso i suoi sentimenti, quando si innamora è più facile preda di una femme (o un homme) fatale rispetto a un tipo sentimento. Secondo la von Franz, a differenza della sua controparte estroversa che ama ma non lo dice, il tipo introverso se ama lo dice, tuttavia il suo sentimento «possiede quel carattere di attaccamento colloso, simile a quello del cane, che non sempre è gradevole, specie per la persona amata» (idem, p.78). Tende a essere scrupoloso, taciturno, ad apparire sgarbato e autoritario, gli riesce difficile entrare nel punto di vista dell'altro, è poco incline ad accettare le critiche e ha la tendenza a isolarsi. L'uomo è portato per la misantropia, in generale questo tipo tende a provare sentimenti estremi o odio o amore, simpatia o antipatia e ha difficoltà a cogliere le sfumature.

2.10 Il tipo Sentimento Introverso

In questo tipo la funzione sentimento si manifesta dietro le quinte, in modo meno appariscente che nell'equivalente estroverso, per tale ragione talvolta può essere erroneamente scambiato per una persona fredda o indifferente. Si tratta il più delle volte invece di un meccanismo di difesa dovuto all'ipersensibilità di questo tipo che ha bisogno di ripararsi dalla brutalità che percepisce nell'oggetto esterno. Jung sostiene che tale tipologia è più frequente nelle donne che negli uomini. Spesso sono persone taciturne, impenetrabili, che si mettono poco in mostra e che dimostrano il loro affetto attraverso i fatti piuttosto che con le parole. «Essi inoltre esercitano sull'ambiente una segreta influenza positiva, stabilendo parametri ai quali gli altri, più o meno consapevolmente, si conformano. Lo fanno silenziosamente perché sono troppo introversi per esprimersi oltre lo stretto necessario; ciò nondimeno la loro influenza è molto penetrante» (von Franz 1988, p. 87). Tale tipo non è tanto interessato alla persona come realmente è a livello oggettivo, ma ai sentimenti che questa risveglia in lui, sentimenti che fanno già parte del suo mondo soggettivo, ciò vale anche per le relazioni amorose. È più interessato quindi a trovare una forma corrispondente al suo sentimento che a scoprire l'altro per come realmente è. Nella sua accezione positiva può essere dotato di grande capacità letteraria o artistica attraverso la quale riesce a esprimere e portare nel mondo esterno la sua ricchezza interiore. In quella negativa il sentimento soggettivo si manifesta in modo egocentrico e narcisista, in una forma di passionalità morbosa che non è affatto interessata all'altro ma solo a sé stessa: «allora anche la misteriosa potenza del sentimento intensivo si trasforma in un banale e presuntuoso desiderio di dominio, in vanità e pre-potenza tirannica» (Jung 1921c, p. 97). La sua funzione meno differenziata è il pensiero estroverso e ciò lo porta alla tendenza che la von Franz definisce «monomania intellettuale» ovvero a «scandagliare con poche idee una quan-tità enorme di materiale» (von Franz 1988, p.89) correndo il rischio di ve-dere i fatti solo attraverso il filtro delle sue idee preconcette. Inoltre essendo la sua funzione inferiore del pensiero estrovertita «il loro pensiero estroverso si aggira vagabondo verso una gamma straordinariamente vasta di fatti esterni. Quando decidono di servirsi del loro pensiero estroverso in modo creativo, essi incontrano la solita difficoltà degli estroversi: si lasciano sti-molare all'eccesso da troppo materiale, troppe informazioni e tropi fatti, così che il loro pensiero inferiore estroverso talora si perde in una palude di det-tagli da cui non riescono più a districarsi» (idem p.88) La forma di nevrosi più comune in questa tipologia secondo Jung è la nevrastenia.

2.11 Il tipo Sensoriale Introverso

Per spiegare come uno stimolo per sua natura obiettivo come la sensazione possa caratterizzare anche la tipologia introversa Jung porta l'esempio del pittore che partendo da uno stimolo esterno, come ad es. un paesaggio, lo riproduce in base alla sua visione soggettiva e questo anche quando il pittore si sforza di fare una riproduzione fedele; pittori diversi pur utilizzando lo stesso modello non potranno mai produrre lo stesso quadro. Allo stesso modo il fattore soggettivo della sensazione è «una disposizione inconscia che modifica la percezione sensoriale fin dal suo sorgere e che le toglie pertanto il carattere di mero effetto dell'oggetto» (Jung 1921c, p.101). La von Franz paragona la funzione Sensazione Introversa a «una pellicola fotografica ultrasensibile. Questo tipo, quando vede qualcuno entrare in una stanza, ne osserva la pettinatura, l'espressione del volto, i vestiti, il modo di camminare e quello di entrare. Tutto ciò produce un'impressione molto precisa sul tipo di sensazione introversa, che assorbe ogni singolo dettaglio. […] è come se una pietra cadesse in acque profonde: l'impressione scende sempre più giù sino ad affondare» (von Franz 1988, p.57). Nel tipo sensoriale l'oggetto ha una funzione altamente stimolante nell'orientarne l'azione, ma per il tipo introverso ciò potrebbe comportare delle azioni difficilmente gestibili, ne consegue una maggiore necessità di difendersi dal potere che la sensazione ha su di lui che lo porta spesso ad attenuare e livellare l'influenza dell'oggetto apparendo agli altri come una persona pacata, tranquilla, passiva, persino razionale (in realtà si tratta del tipo più irrazionale della classificazione di Jung). «Può sembrare molto lento; ma le cose non stanno affatto così. In realtà le reazioni interiori procedono rapide sotto sotto, mentre la reazione esterna tarda a comparire» (idem). Ha difficoltà di introspezione e gli riesce difficile comprendere gli altri e la realtà circostante in quanto poco dotato di capacità di giudizio comparativo. Tende a vivere nel qui ed ora e a mancare di visione prospettica. La sua funzione inferiore è l'intuizione estroversa, di conseguenza mirata verso quello che è fuori di lui, il collettivo, l'impersonale. È portato a vedere pericoli, complotti nel mondo esterno in quanto «mentre l'intuizione estroversa ha in genere una sua caratteristica destrezza, un "fiuto" per tutte le possibilità della realtà obiettiva, l'intuizione inconscia e arcaica ha la capacità di subodorare tutti i retroscena ambigui, foschi, poco puliti e pericolosi della realtà» (Jung 1921c, p.106). Lavorare sull'espressione artistica lo aiuterebbe a evitare che tutte le impressioni si focalizzino all'interno, bloccandolo, questo tipo tuttavia è poco propenso a "mettersi in gioco", ad ampliare la sua cerchia di amicizie, ad accettare le critiche e l'analisi. È più predisposto rispetto alle altre tipologie alla nevrosi ossessiva caratterizzata da elementi isterici.

2.12 L'Intuitivo Introverso

Il tipo intuitivo introverso è più interessato a cercare le cause che producono gli effetti che alle manifestazioni di questi e li cerca accedendo al suo mondo di "Iperuranio", ovvero alla sua realtà psichica interna anziché a quella fisica. Mistici, veggenti, profeti, sognatori, artisti, geni incompresi, persone dotate di molta fantasia, appartengono facilmente a questa tipologia. «A livello primitivo, è lo sciamano che sa quello che vogliono gli spiriti, gli dei e gli antenati e che trasmette alla tribù i loro messaggi» (von Franz 1988, p. 65).

La ricerca di esplorazione del proprio mondo interiore porta questi tipi ad allontanarsi dalla realtà tangibile risultando spesso enigmatici per le persone che stanno loro vicini.

Ne risulta uno scarso interesse ai rapporti sociali, trascuratezza nel vestire, curare il proprio aspetto fisico, la propria salute, l'alimentazione, gli aspetti finanziari e difficoltà a comprendere gli altri.

Ci sono molte variabili di questa tipologia, Jung tuttavia si sofferma su due varianti, il tipo più puro, con la funzione secondaria giudicante poco differenziata che tende a soffermarsi sull'elaborazione estetica del suo mondo interiore e il tipo con la funzione giudicante maggiormente differenziata che trasferisce l'elaborazione del suo mondo interiore anche sul piano morale. La seconda variante si pone domande come: «Che cosa ne risulta per me o per il mondo, in vista di un dovere o di un compito?» e si occupa anche «del significato della sua visione, e si cura non tanto dei suoi sviluppi estetici quanto delle possibili conseguenze morali che derivano per lui dal significato dei contenuti della visione» (Jung 1921c, p.111). Tuttavia anche in questo caso incorre nel rischio di rimanere incompreso in quanto non è capace di comunicare in modo persuasivo le sue intuizioni perché utilizza un linguaggio troppo soggettivo. La sua funzione inferiore è la sensazione estroversa che «possiede la caratteristica propria di tutte le funzioni inferiori di affiorare alla coscienza di colpo, ma di scomparire subito» (von Franz 1988, p. 69).

La von Franz sottolinea anche l'aspetto positivo, "trascendente", della funzione inferiore portando l'esempio di Jakob Boehme (a detta della von Franz un Intuitivo Introverso) un mistico che ebbe una rivelazione sulla divinità attraverso la sua percezione inferiore sensoriale. Egli vide un raggio di luce riflesso in un piatto di stagno e ciò lo fece entrare in contatto col trascendente portandolo in uno stato di estasi.

La forma nevrotica di questo tipo invece è la nevrosi caratterizzata da manifestazioni ipocondriache, iperestesie degli organi di senso, legami ossessivi con determinate persone e oggetti.

CAPITOLO 3

Da Rorschach alle Myers Briggs, Claudio Naranjo e la PNL: l'influenza della teoria dei tipi sui successivi modelli di lettura della personalità

Jung era stato influenzato nella sua elaborazione della teoria dei tipi psicologici da ricercatori a lui contemporanei e antecedenti; egli, a sua volta, ha esercitato una forte influenza (diretta o indiretta) su ulteriori teorie di tipologie psicologiche elaborate da altri ricercatori. Tra questi quelli che hanno raggiunto maggiore popolarità anche al di fuori dei circuiti accademici: Hermann Rorschach con il suo celebre test delle macchie di inchiostro, Katharine Cook Briggs insieme ad Isabel Myers ideatrici del Myers Briggs Type Indicator, Claudio Naranjo con l'enneagramma, Richard Bandler e John Grinder fondatori della PNL con i sistemi rappresentazionali.

3.1 Hermann Rorschach

Hermann Rorschach (Zurigo1884 – Herisau 1922) si era distinto sin dalla giovane età per l'intelligenza e le doti versatili, suo padre era un pittore e lavorava come insegnante di disegno. Si diplomò alla scuola cantonale di musica di Schaffhausen, incerto se perseguire la carriera di artista o di biologo, optò infine per la carriera in medicina laureandosi nel 1912 con una tesi sulle allucinazioni riflesse e sintomi collegati. Intenzionato ad intraprendere la carriera di psichiatra negli anni 1907-1908 seguì, presso l'Università di Zurigo, due corsi semestrali tenuti da C.G. Jung: "Psicopatologia dell'isteria" e "Lezioni di psicoterapia", studiando i test di associazione verbale che sicuramente ebbero una fortissima influenza nella sua successiva elaborazione del suo test delle macchie, in particolare nella sua elaborazione del tipo "Erlebnistypus" - tipo di vita interiore - chiaramente influenzato dal concetto di introversione junghiano. Tuttavia, a detta di Jung, pare che non si siano mai incontrati a tu per tu. Alla domanda del giornalista Richard Evans che chiedeva a Jung nel 1957 se aveva conosciuto Rorschach, questi rispose: «No, mi evitava come la peste [...] mi detestava perché (riferendosi ai termini introversione ed estroversione) li avevo detti io per primo, e questo è imperdonabile; non l'avrei mai dovuto fare» (Jung 1957 in McGuire e Hull p.411). È indubbio che «Rorschach conosceva bene il test di Associazione verbale di Jung, lo utilizzò spesso nel suo lavoro di psichiatra ed anche nella sperimentazione della serie di Macchie parallele che andava elaborando. Quando nel 1911 somministrò agli allievi della scuola cantonale, dove insegnava il suo amico Konrad Gehring, una delle prime serie di macchie che aveva messo a punto, inserì nell'indagine anche il test di Associazione Verbale di Jung» (Parisi S., Pes P. pag.7). Rorschach lavorò in varie cliniche psichiatriche e a partire dal 1912 cominciò a pubblicare una serie di articoli psicoanalitici che trattavano di simbolismo, sessualità, allucinazioni, amnesia, analisi di un disegno di uno schizofrenico ecc. Dal 1914 cominciò ad interessarsi allo studio di alcune sette religiose svizzere. «Secondo un recente studio Rorschach, oltre ad essere interessato alle sette religiose locali, avrebbe studiato in modo approfondito il pensiero degli gnostici «parallelamente a Jung, che considera tale pensiero come scaturito direttamente dalle forze dell'inconscio» (Cavadi G. 2005, p.38). Nel 1915 ottenne il posto di medico capo nella clinica cantonale di Herisau di Appenzell dove lavorò sino alla sua morte. Continuò a pubblicare una serie di interessanti studi tra cui uno sulle *Esperienze associative, libere associazioni ed ipnosi per la rimozione di un'amnesia*. Nel 1919 divenne vice presidente della Società Psicoanalitica svizzera. Nel frattempo andò sviluppando il suo test di interpretazione delle forme con le macchie di inchiostro i cui risultati furono raccolti nel suo manoscritto *Psychodiagnostik* pubblicato nel 1920. Rorschach trovò grandi difficoltà a fare pubblicare il libro e per contenere i costi di stampa fu costretto a un compromesso con l'editore che gli chiese di ridurre il numero delle macchie da pubblicare da sedici a dieci. Al principio il libro fu un fiasco e vendette pochissime copie. Rorschach morì prematuramente di appendicite nel 1922 a soli trentotto anni, prima che il suo test delle macchie cominciasse ad entrare negli studi di migliaia di psicologi e psichiatri ottenendo un grande successo internazionale. Le sue idee hanno fortemente influenzato lo sviluppo dei successivi test proiettivi.

Jung, nella già citata intervista del 1957, al giornalista che gli chiedeva se conoscesse il test di Rorschach rispose: «Sì, lo conosco. Ma non l'ho mai applicato, perché poi smisi di usare anche il test di associazione, in quanto non serviva più. Apprendevo quello che c'era da apprendere dall'analisi puntuale delle reazioni psichiche». E alla domanda se raccomanderebbe allo psichiatra e allo psicologo clinico l'uso di test proiettivi come quello di Rorschach rispose: «Nella formazione pratica degli psicologi che hanno a che fare con i pazienti, penso siano tra gli strumenti migliori per dare loro una dimostrazione di come funziona l'inconscio. Didatticamente sono perfetti. Si può far vedere la rimozione e i fenomeni di amnesia, come si coprono le proprie emozioni e così via […] Noi lo usiamo ancora per l'addestramento dei giovani terapeuti. Oppure, se mi capita un paziente che non vuole parlare, posso ancora applicarlo e scoprire attraverso di esso un mucchio di cose» (Jung 1957 in McGuire e Hull p.412)

3.2 Il test o reattivo Rorschach: breve descrizione

Il test è composto da 10 tavole di cui cinque monocromatiche, due bicolori, e tre colorate. Su ciascuna tavola è riportata una macchia simmetrica. Le tavole vengono sottoposte una per una al soggetto cui viene somministrato il test, al quale si chiede di dire tutto ciò che lui vede in quelle tavole, senza porgli limiti di tempo e puntualizzando che non esistono risposte giuste o sbagliate. L'esaminatore valuta vari parametri tra cui il rapporto tra il valore simbolico, contenutistico ed evocatore di ciascuna tavola, i tempi di risposta, se le interpretazioni date per ciascuna tavola corrispondono alla media statistica degli altri soggetti esaminati o se ne discostano, il comportamento del soggetto durante la prova. I dati raccolti vengono siglati in base a precisi parametri che possono definirsi come «una traduzione oggettiva del processo percettivo-associativo in codici e, successivamente, in un valore che possa quantificare e descriverli e da cui poi si rilevano i tratti della personalità» (Paris S.,Patrizia P., p.13) Le valutazioni permettono di individuare differenti forme di intelligenza, l'intelligenza teorica astratta che richiama il tipo Pensiero introverso di Jung, l'intelligenza pratica che richiama il tipo Sensazione di Jung, l'intelligenza tecnica che richiama il tipo Pensiero estroverso di Jung e l'intelligenza estetica che richiama al tipo sentimento di Jung. In Italia è più diffuso il metodo della scuola svizzera-italiana a indirizzo psicodinamico cui ho fatto riferimento nel descrivere quanto esposto sopra, negli Stati Uniti il metodo Exner a indirizzo psicometrico la cui diagnosi si basa esclusivamente su siglature.

3.3 Katharine Cook Briggs e Isabel Myers

Katharine Cook Briggs (1875-1968) e Isabel Briggs Myers (1897-1989) erano due ricercatrici americane, madre e figlia, contemporanee di Jung. La madre Katharine, laureata in agricoltura e sposata con un fisico, lavorava come insegnante ed era molto interessata a sviluppare teorie sul metodo migliore di educare i bambini. Proveniva da una famiglia di accademici che credeva nel valore dell'educazione tanto degli uomini che delle donne in un'epoca in cui ciò non era affatto scontato e facile da realizzare. La figlia Isabel era stata educata dalla madre che l'aveva ritirata dai circuiti scolastici tradizionali occupandosi personalmente della sua formazione [1] sino a quando questa raggiunse l'età per frequentare il college dove conseguì una laurea triennale in scienze politiche [2]. Isabel si interessava principalmente alla scrittura e conosceva molto bene la statistica che aveva appreso privatamente da Edward N. Hay il quale, al tempo, era manager di una grande banca finanziaria di Philadelphia. Entrambe, già molto prima che Jung scrivesse *Tipi psicologici,* si interessavano allo studio delle tipologie umane; Katharine fu spinta ad approfondire la conoscenza delle tipologie psicologiche, oltre che da motivi professionali, da motivi personali: la figlia Isabel si era sposata con un uomo, Clarence detto "Chief" Myers, con una personalità molto diversa dal resto della famiglia e si era resa conto che se avesse voluto mantenere una buona relazione con la figlia avrebbe dovuto sforzarsi di comprendere meglio Chief [1]. L'interesse di Isabel sulle tipologie psicologiche invece, agli inizi, fu mosso più dall'esigenza di caratterizzare in maniera verosimile i personaggi dei suoi romanzi che da un vero coinvolgimento accademico. Nel 1923, quando uscì per la prima volta negli USA la traduzione inglese di *Tipi psicologici* di Jung, Katharine lo lesse avidamente e rimase folgorata dalla sua teoria che confermava gli studi che aveva già svolto aprendole al contempo nuovi orizzonti. Convinta di avere trovato in Jung un sistema che comprendesse e superasse tutte le teorie precedentemente formulate sui tipi psicologici decise di accantonare la sua personale elaborazione sulle tipologie di personalità per portare avanti la strada tracciata da Jung. Per alcuni anni intrattenne una corrispondenza con lui e lo incontrò personalmente quando venne in visita negli Stati Uniti. Nel frattempo nel 1939 gli USA entrarono in guerra, la maggior parte degli uomini fu chiamata al fronte e le donne dovettero sostituirli nel lavoro. Isabel intuì che la teoria di Jung avrebbe potuto essere utilizzata anche per fini pratici: realizzare un test attitudinale per reclutare le donne che erano state chiamate a svolgere mansioni per loro non abituali e ridurre i conflitti tra le persone (Myers I. e P. 1980); cominciò quindi a collaborare attivamente con la madre per perfezionare lo studio dei tipi psicologici. Nel 1943, dopo venti anni di ricerche, madre e figlia presentano la prima versione del loro test attitudinale basato sulla teoria junghiana: il Myers-Briggs Type Indicator, maggiormente noto con il suo acronimo: MBTI. Durante gli anni successivi l'MBTI subì ulteriori rielaborazioni e divenne, a partire dagli anni sessanta, uno dei test più utilizzati negli USA in ambito manageriale, per la selezione del personale lavorativo e per l'orientamento scolastico degli studenti.

3.4 In cosa si differenzia la visione delle Myers-Briggs rispetto alla teoria originale di Jung

Prima della pubblicazione dei *Tipi psicologici* di Jung Katharine Cook Briggs aveva già fatto una sua personale classificazione che comprendeva, seppure argomentate in modo meno dettagliato, quattro categorie corrispondenti a quelle di Jung: il "tipo meditativo" con caratteristiche equivalenti ai tipi introversi, il "tipo spontaneo" con caratteristiche equivalenti ai tipi percezione estroversa, il "tipo dirigente" con caratteristiche equivalenti ai tipi pensiero estroverso e il "tipo sociale" con caratteristiche equivalente ai tipi sentimento estroverso. Dopo la pubblicazione del libro di Jung comprese che la teoria di questi andava ben oltre le tipologie da lei postulate, decise quindi di cambiare direzione per seguire la direzione di Jung intenzionata a sondare nei minimi dettagli la teoria dei tipi junghiana più di quanto lo stesso Jung avesse fatto. Una delle prime cose che notò, osservando le persone che conosceva, è che tutte avevano sviluppata anche la funzione ausiliaria, mentre Jung, pur facendo menzione della funzione ausiliaria, descrive tipi principalmente monolaterali. Una seconda cosa che notò, in base alle sue osservazioni empiriche, è che le persone che avevano la funzione principale estroversa avevano la funzione secondaria introversa e viceversa. La Myers sostiene che la maggior parte degli psicoanalisti Junghiani non hanno colto l'importanza della funzione ausiliaria, in quanto si occupano prevalentemente di casi clinici in cui le funzioni sono poco bilanciate per cui sia la funzione dominante che l'ausiliaria sono entrambe introverse o estroverse. Seppure queste tipologie esistono, a detta delle Briggs-Myers, non fanno parte della norma, ma rappresentano le eccezioni. Cita Van Deeer Hoop come uno dei pochi analisti junghiani che ha colto questa differenza, il quale nel 1939 in *Conscious orientation* scrive: «La funzione sussidiaria tende frequentemente a controllare nella direzione verso la quale la funzione dominante non è orientata. Per esempio, un tipo pensiero introverso utilizzerà in particolar modo il suo istinto (sensazione) o la sua intuizione per potersi assestare verso l'esterno. O un intuitivo estroverso cercherà contatto col suo mondo interiore attraverso il pensiero o il sentimento» (Myers I e P. 1989, cap,2, traduzione mia). Le persone "normali", secondo le ricercatrici americane, che non soffrono di gravi nevrosi o disturbi di personalità, sono invece di norma bilanciate, hanno due funzioni ben sviluppate, la principale e l'ausiliaria e, altro aspetto importantissimo della loro teoria, per la legge della compensazione se la funzione principale è estroversa, la funzione secondaria sarà di conseguenza introversa, se la funzione principale è introversa la funzione secondaria sarà di conseguenza estroversa. «Il principio basilare che la funzione ausiliare provveda ai bisogni estroversi per gli introversi e ai bisogni introversi per gli estroversi è di vitale importanza. La funzione ausiliare degli estroversi da loro accesso al loro mondo interiore e al mondo delle idee; la funzione ausiliare degli introversi da loro un mezzo per adattarsi al mondo dell'azione e confrontarsi con esso in maniera concreta. [...] Il corretto sviluppo della tipologia richiede che la funzione ausiliaria supporti la dominante su due aspetti. Deve supportare un utile grado di bilanciamento non solo tra la funzione razionale (giudicante) e irrazionale (percettiva) ma anche tra l'estroversione e l'introversione. Se ciò non accade il risultato è un individuo letteralmente "sbilanciato", ritirato nel suo mondo preferito e consciamente o inconsciamente impaurito dell'altro mondo» (Myers I e P. 1989, cap,2, traduzione mia). A detta delle due ricercatrici americane tale lettura, confermata dalle loro osservazioni empiriche, non è però una loro rielaborazione personale in quanto Jung accenna a un concetto che confermerebbe la loro visione, tuttavia lo fa in modo criptico e senza approfondire la questione. Nella versione tradotta in inglese di *Tipi* psicologici Jung sostiene che «accanto alla funzione principale ce ne è anche una relativamente inconscia, la funzione ausiliare che è sotto ogni aspetto (*in every respect* nel testo in lingua inglese) diversa dalla natura della funzione principale» (Myers I e P. 1989, cap,2, traduzione mia). A detta della Myers la parola chiave "in every respect" implica che la funzione ausiliare deve essere completamente diversa dalla principale e non può quindi essere introversa se la funzione dominante è estroversa e viceversa. Tale chiave di lettura sembrerebbe confermata anche da altre due frasi di Jung a proposito del tipo pensiero introverso e del tipo estroverso (che la Myers cita nel suo libro, scritto insieme al figlio Peter, *Gift Different*) e che riporto dalla traduzione italiana dei *Tipi psicologici* di Jung: «Le funzioni parzialmente inconsce del sentimento, dell'intuizione e della sensazione, che si contrappongono a questa forma di pensiero sono meno differenziate e hanno un carattere primitivo ed estroverso» (Jung 1921c, p.91); «Noi chiamiamo estroverso un abito mentale solo quando predomina il meccanismo dell'estroversione. In tal caso è sempre la funzione psichica maggiormente differenziata che viene utilizzata in senso estroverso, mentre le funzioni meno differenziate vengono utilizzate in senso introverso» (idem p.29). Ultima, importante innovazione, che le Biggs-Myers apportano rispetto alla teoria originale di Jung è l'introduzione di una seconda disposizione oltre all'estroversione e l'introversione che loro definiscono "Giudizio" e "Percezione" in riferimento rispettivamente alla funzione razionale e irrazionale di Jung. Esse sostengono che la suddivisione in razionale ed irrazionale proposta da Jung, pur essendo accademicamente corretta, non aiuta nell'applicazione pratica a capire qual è la funzione che ogni tipologia utilizza per rapportarsi con il mondo esterno, soprattutto in tipi come il "sentimento introverso" in cui il sentimento è poco esternato. L'aggiunta di una seconda disposizione bipolare J (Judgment) e P (Perception), affiancata alla prima disposizione bipolare Estroversione e Introversione, ha quindi una funzione meramente pratica in quanto aiuta ad individuare rapidamente a quale tipologia potrebbe appartenere una persona. È importante precisare che nella teoria delle Briggs-Myers, il tipo Estroverso, in quanto tale, agisce nel mondo e si presenta agli altri attraverso la sua funzione principale, mentre il tipo introverso tiene ben nascosta la sua funzione principale, ma agisce nel mondo e si presenta agli altri utilizzando la sua funzione secondaria che è la funzione che riflette il carattere della sua estroversione. Di conseguenza se un tipo Estroverso è anche J (abbreviazione di Judgment) o P (abbreviazione di Percepion), significa che la sua funzione principale è una funzione rispettivamente o razionale (J) o irrazionale (P). Se è un tipo introverso ad essere J o P invece, significa che la sua funzione secondaria sarà rispettivamente o razionale (J) o irrazionale (P), ma non la primaria in quanto la persona introversa si rapporta con il mondo esterno attraverso la sua funzione ausiliaria per cui, ad esempio, in un tipo INTP che corrisponde all'introverso-intuizione-pensiero, con P (percezione) come seconda disposizione, la funzione primaria sarà la funzione razionale-giudicante "pensiero" e la secondaria, quella che esterna al mondo, sarà la funzione irrazionale-percettiva "intuizione".

3.5 Le disposizioni Giudizio (J) e Percezione (P) nel sistema Briggs-Myers

Quest'ulteriore disposizione aggiunta dalle Briggs-Myers, insieme alla disposizione Estroversione-Introversione che mantiene la stessa valenza della teoria originaria junghiana, aiuta a capire, basandosi sull'osservazione esterna del comportamento della persona nella vita quotidiana e non su un lavoro di introspezione analitica, l'orientamento che questa assume nei confronti del mondo, in altre parole il modo con cui tende ad organizzare la propria vita. I tipi nel cui comportamento prevale la dimensione J, ovvero tendono a esternare la funzione razionale-giudicante, hanno bisogno di giungere a decisioni rapide, detestano soffermarsi a lungo sulle cose e procrastinare le decisioni perché questo provocherebbe in loro uno stato di tensione che gli risulterebbe difficile da gestire quando si rapportano con la realtà esterna. Di conseguenza hanno la tendenza a mostrarsi persone portate alla pianificazione, all'ordine, alla perseveranza, a portare a termine gli impegni, all'esercizio dell'autorità, ad avere opinioni chiare sulle cose, a preferire la routine rispetto all'improvvisazione. I tipi nel cui comportamento prevale la dimensione P, ovvero tendono a esternare la funzione irrazionale percettiva, hanno bisogno di esplorare ed osservare bene l'ambiente prima di fare delle scelte, di lasciarsi aperte tutte le possibilità, al contrario dei tipi J fare delle scelte nette ed irrevocabili provocherebbe in loro uno stato di tensione difficile da gestire quando si rapportano con la realtà esterna in quanto tenderebbero a tormentarsi chiedendosi se hanno fatto davvero la scelta giusta, rischiando di rimpiangere le opportunità perdute. Di conseguenza hanno la tendenza a mostrarsi persone di mentalità aperta, facilmente adattabili, spontanee, comprensive, tolleranti, curiose, desiderose di fare nuove esperienze, poco amanti dell'autorità. È fondamentale ricordare quando si valuta la dimensione J-P che questa indica solo il comportamento abituale che la persona assume nei confronti del mondo

esterno, per cui nei tipi estroversi ci indica anche se la loro funzione primaria
è razionale-giudicante o irrazionale-percettiva, ma non nei tipi introversi. Infatti i tipi introversi, secondo il sistema della Briggs-Myers, si rapportano col
il mondo esterno attraverso la loro funzione ausiliaria e non con la primaria.
«Di conseguenza nel caso di un introverso ciò che mostrerà nella maggior
parte degli incontri casuali con le altre persone (e che governa l'indice JP
nell'Indicatore di Tipologie Briggs-Myers) è il processo estroverso, quello da
cui abitualmente dipende per condurre la sua vita esteriore […] Per cui, in un
introverso la preferenza per l'attitudine giudicante nelle faccende esterne potrebbe essere abbastanza evidente, persino ovvia, ma non è quella finale. Il
processo giudicante utilizzato nel mondo esterno è in realtà subordinato al
processo dominante introverso (che è quello percettivo) e la sua azione è sog-
getta alle richieste del processo percettivo favorito. […] Lo stesso vale nell'introverso in cui appare ovvia la preferenza per l'attitudine percettiva, la percezione è in realtà subordinata al processo introverso giudicante (pensiero o sentimento) e deve servire i valori basilari ed i principi determinati dal processo
giudicante.» (Myers I e P. 1989, cap,7, traduzione mia).

3.6 I 16 Tipi psicologici secondo le Briggs-Myers

Con l'introduzione della funzione ausiliaria a fianco della principale le
Briggs-Myers ottengono sedici tipologie rispetto alle otto descritte da Jung in
quanto ogni tipologia junghiana viene divisa in due, ad esempio il tipo pensiero introverso può essere a sua volta suddiviso in tipo pensiero introverso
con funzione ausiliaria intuizione o pensiero introverso con funzione ausiliaria sensazione. Il loro sistema di lettura di personalità, essendo stato studiato
e perfezionato in America, per indicare le varie tipologie utilizza il corrispondente in lingua inglese della lettera iniziale di ciascuna dimensione. **E** sta per
"estravert" estroverso, **I** per "introvert" introverso, **S** sta per "sensory" sensoriale, **N** per "intuitive" intuitivo (si utilizza la lettera **N** al posto della **I** per non
confonderla con la **I** di introverso), **T** sta per "thinking" pensiero, **F** per "fee-
ling" sentimento, **J** sta per "judger" giudice, **P** sta per "perceiver" percettivo.

ESTJ Estroverso, Sensoriale, Pensiero, Giudizio

Nei tipi **ESTJ** la funzione principale è data da T (pensiero estroverso), l'ausiliaria da S (sensazione introversa); la terziaria da N (intuizione estroversa) e la funzione inferiore da F (sentimento introverso). Gli ESTJ tendono ad essere persone pratiche, realistiche, logiche, analiste, attente ai dettagli e con buona memoria nel ricordarli. L'estroversione li porta ad essere persone amichevoli e di compagnia, ma possono rivelarsi anche molto competitivi ed assertivi (specialmente sul lavoro). Hanno bisogno di mantenere tutto sotto controllo, tendono a rispettare l'autorità e ad aspettarsi che gli altri facciano altrettanto. Preferiscono lavorare in settori che gli permettano di raggiungere risultati immediati e tangibili, sono spesso portati per attività che richiedono abilità manuali e attitudine alla meccanica. Tendono ad essere persone imparziali e leali, attaccate ai valori e alla tradizione, tuttavia, essendo la loro funzione meno sviluppata il sentimento, talvolta possono comportarsi in modo molto insensibile con amici, colleghi, subordinati, partner. Tendono a focalizzarsi sul presente e di conseguenza ad avere poca predisposizione nell'anticipare i bisogni o prevedere le tendenze future. Spesso sono persone capaci di valutare le situazioni in modo realistico ed obiettivo, di organizzare e supervisionare il lavoro in maniera accurata ed efficiente, di prendere decisioni rapide, sono inoltre dotati di determinazione nel raggiungere i propri obiettivi. Tendono ad essere attratti dal settore dell'industria, della costruzione, della produzione, del business, del commercio. È facile trovare tra questi tipi leader naturali e manager.

ISTJ Introverso, sensoriale, pensiero, giudizio

Nei tipi ISTJ la funzione principale è data da S (sensazione introversa), l'ausiliaria da T (pensiero estroverso), la terziaria da F (sentimento introverso) e la funzione inferiore da N (intuizione estroversa). Gli ISTJ tendono ad essere persone leali, logiche, decise, precise, accurate, meticolose, dotate di una notevole capacità di concentrazione e su cui si può fare affidamento. Non amano le situazioni ambigue ed hanno bisogno di mettere tutto nero su bianco. È facile trovare tra gli ISTJ le tipiche persone incapaci di rilassarsi se prima non hanno portato a termine quanto si erano prefissati. In quanto introversi solitamente amano lavorare da soli e non gradiscono interferenze nel loro lavoro, ma possono essere anche molto disponibili se si chiede il loro aiuto, purché non sia qualcosa contrario alla loro   logica. Sono persone facilmente dotate di un'eccellente memoria per i dettagli, capaci di ricordare anche eventi accaduti nel lontano passato, sono però poco propensi all'improvvisazione e al rischio. La componente sensazione introversa supportata dal pensiero estroverso li predispone al tradizionalismo e ad essere più conservatori rispetto ad altre tipologie. Possono essere caratterizzati da una certa rigidità mentale che potrebbe rendergli più difficile affrontare gli imprevisti e affidarsi all'improvvisazione per cambiare direzione quando le circostanze lo richiedono. Spesso sono dotati di un forte senso logico ed obiettività e questo può portarli a una certa freddezza nel relazionarsi con gli altri. È facile che amino stare a contatto con la natura. Si possono trovare ottimi contabili, consulenti, avvocati tra questa tipologia. Spesso sono abili anche in tutte le attività che richiedono capacità manuale.

ESFJ Estroverso, Sensoriale, Sentimento, Giudizio

Nei tipi ESFJ la funzione principale è data da F (sentimento estroverso), l'ausiliaria da S (sensazione introversa), la terziaria da N (intuizione estroversa), la funzione inferiore da T (pensiero introverso). Gli ESFJ tendono ad essere pratici, realisti e convenzionali, danno molta importanza al lavoro, alla famiglia, alla posizione sociale; solitamente hanno un forte senso estetico, amano possedere cose belle e tenerle bene. Sono tipi amichevoli, abili conversatori, hanno bisogno di vita sociale, di stare in mezzo alla gente, anche sul lavoro prediligono contesti che gli diano l'opportunità di essere al servizio degli altri e all'interno di un team affiatato, solitamente non amano lavorare da soli. Hanno un forte bisogno di piacere ed essere apprezzati dagli altri. La funzione principale, sentimento, rafforzata da J, porta questi tipi ad essere estremamente empatici e solidali quando si tratta di aiutare gli altri, ma anche tra i più capaci di azioni drastiche quando si sentono offesi o minacciati nei loro valori. Sono poco propensi a cogliere le sfumature, per loro tutto tende ad essere bianco o nero, buono o cattivo. Gli riesce difficile valutare le cose in modo logico e imparziale. In quanto tradizionalisti solitamente, come i tipi precedenti, sono diffidenti nei confronti delle novità e potrebbero trovare difficoltà nel cambiare il loro modo abituale di fare le cose. Spesso amano lo sport e l'attività fisica, danno molto valore all'amicizia e sono disposti a farsi in quattro per aiutare un amico. È facile trovare ottimi infermieri, medici di famiglia e pediatri tra questi tipi e in generale tutti i lavori che permettono di essere al servizio degli altri sono indicati per questa tipologia. Essendo tendenzialmente persone portate per l'organizzazione, coscienziose e produttive, sono adatte anche per professioni impiegatizie e aziendali.

ISFJ Introverso, Sensazione, Sentimento, Giudizio

Nei tipi ISFJ la funzione principale è data da S (sensazione introversa), l'ausiliaria da F (sentimento estroverso), la terziaria da T (pensiero introverso), la funzione inferiore da N (intuizione estroversa). Gli ISFJ sono caratterizzati da un forte bisogno di appartenenza, di conseguenza tendono ad essere leali e devoti al bene comune, si tratti della propria famiglia, del team di lavoro o della comunità. La funzione ausiliaria sentimento, unita alla predisposizione all'introversione, li porta ad essere persone tendenzialmente quiete e riservate, spesso sensibili e calorose ma meno fisiche nell'esprimere le loro emozioni rispetto alla loro controparte estroversa. Tendenzialmente ipersensibili possono chiudersi al mondo se non si sentono compresi ed accettati, sono tra i tipi più emotivamente dipendenti e di conseguenza molto vulnerabili alle parole altrui. Solitamente sono dei buoni ascoltatori, ma possono avere difficoltà a sentire ed esprimere i loro sentimenti; la loro predisposizione ad aiutare gli altri si esterna attraverso fatti ed azioni concrete. Tendono ad avere una memoria enciclopedica soprattutto nel raccogliere dati e ricordare eventi. La loro funzione principale sensoriale unita all'attitudine giudizio, come la loro controparte estroversa, li porta ad essere tipi conservatori, molto attaccati alla tradizione, cui riesce difficile cambiare il loro modo abituale di fare le cose. Mentre negli estroversi però l'attitudine conservatrice si manifesta con una forte diffidenza e talvolta anche saggia prudenza verso tutto ciò che è nuovo e imprevedibile, l'introversione degli INFJ tende invece ad ingigantire in modo talvolta eccessivo e infondato la paura verso il nuovo e l'ignoto. A differenza della loro controparte estroversa sono invece capaci di rilassarsi e concedersi momenti di svago. La loro ipersensibilità potrebbe portarli a interpretare i fallimenti della vita, anziché come insegnamenti e opportunità di crescita, come catastrofi. Non amano i conflitti di conseguenza tendono ad assecondare gli altri per evitare litigi e ciò potrebbe rendergli più difficile rispetto ad altre tipologie affermare loro stessi. La loro sensibilità, meticolosità, metodicità e il loro forte spirito collaborativo uniti alla memoria enciclopedica, li predispone a professioni come quella del medico, l'infermiere, l'ostetrico, il veterinario, il dentista, l'insegnante e in generale li rende adatti a qualsiasi lavoro purché non comporti un ruolo autoritario e la necessità di una visione globale proiettata verso il futuro. In quanto sensoriali tendono a prediligere attività che gli permettano di utilizzare i loro cinque sensi come dipingere, dedicarsi al giardinaggio, il modellismo, la cucina. In quanto introversi tendono a prediligere la compagnia di pochi amici intimi, trascorrere le feste in famiglia piuttosto che in locali affollati, ad essere molto gelosi della loro privacy e ad avere bisogno di momenti di solitudine.

ESTP Estroverso, Sensoriale, Pensiero, Percezione

Nei tipi ESTP tipo la funzione principale è data da S (sensazione estroversa), l'ausiliaria da T (pensiero introverso), la terziaria da F (sentimento estroverso), la funzione inferiore da N (intuizione introversa). Gli ESTP tendono ad essere spinti dalla necessità di movimento continuo in ogni ambito della loro vita, lavorativa, affettiva, fisica-sportiva, sociale. Hanno bisogno di stimoli continui, si tratti di degustare del buon cibo, di cimentarsi in nuove attività fisiche e sportive, di sperimentare nuove strategie o tecniche lavorative, di flirtare, di partecipare ad eventi sociali. Tendono ad essere persone adattabili, allegre, amano stare in compagnia, e partecipare a tutte le attività del loro contesto sociale purché non siano emotivamente troppo coinvolgenti. Solitamente hanno bisogno di essere ammirati e rispettati, ciò potrebbe portarli ad assumere un atteggiamento apparentemente conformista e ad adattarsi alle convenzioni sociali che non sempre però rispecchiano i loro autentici valori interiori. Sono più portati per l'azione che le disquisizioni teoriche, quando stanno insieme agli altri preferiscono essere coinvolti nel fare piuttosto che nel chiacchierare, spesso sono dotati di una grande intelligenza motoria. È facile trovare atleti e sportivi di professione tra questa tipologia. Solitamente sono portati per i lavori pratici e concreti che richiedono competenze nella meccanica e nella tecnologia, purché non troppo sofisticate e complesse.

Spesso sono dotati di una notevole memoria fotografica. Solitamente sono persone informali ma tengono molto al loro status sociale, ai beni materiali, al piacere dei sensi, a circondarsi di oggetti di buon gusto, a curare accessori e abbigliamento. È facile trovare appassionati di moto, auto sportive, e persone con un'infinità di hobby e di interessi tra questi tipi. Spesso sembrano incapaci di stare fermi e riposare, devono sempre avere qualcosa da fare e quando si tratta di buttarsi in imprese azzardate e rischiose sono quelli che fanno il primo passo, ma a volte rischiano di non portare a termine i progetti intrapresi perché prima ancora di finire una cosa sono già in cerca di quella nuova. Nel lavoro sanno essere molto realistici, soppesare bene i pro e i contro di ogni decisione, risolvere rapidamente i problemi e non esitano a cambiare direzione se si rendono conto che esiste un approccio migliore o più conveniente. Tendono ad apprezzare la vita all'aria aperta, il contatto con la natura. È facile trovare animatori, piloti, corridori, meccanici, atleti professionisti, allenatori, fisioterapisti, chirurghi, chef, vigili del fuoco, poliziotti, attori, musicisti tra queste tipologie.

ISTP Introverso, Sensoriale, Pensiero, Percezione

Nei tipi ISTP la funzione principale è data da T (pensiero introverso), l'ausiliaria da S (sensazione estroversa), la terziaria da N (intuizione introversa), la funzione inferiore da F (sentimento estroverso). Gli ISTP, essendo caratterizzati dalla predisposizione all'introversione che porta ad approfondire le cose ed avendo come funzione primaria il pensiero, tendono ad essere estremamente dotati per le scienze applicate, soprattutto nell'ambito della meccanica, ancora più della loro contro parte estroversa solitamente più generalista. Gli ISTP possono essere perfezionisti in modo da rasentare l'ossessione e tendono ad essere molto coinvolti dalle loro attività, si tratti di un hobby o del loro lavoro, al punto da non riuscire a staccarsene dimenticandosi perfino di mangiare e della loro vita relazionale. Preferiscono lavorare da soli o in collaborazione con pochi colleghi fidati che considerano loro pari, non amano ricevere consigli e aiuti dagli esterni, sono tra i tipi più autonomi e distaccati, solitamente sono molto rispettosi della libertà e degli spazi altrui e pretendono che gli altri lo siano altrettanto della loro. Non amano affrontare situazioni conflittuali e si trovano estremamente a disagio quando devono farlo. Essendo la loro funzione meno sviluppata il sentimento, fanno molta fatica ad entrare in empatia con gli altri e a comprendere atteggiamenti, punti di vista, comportamenti mossi dall'emotività, che dalla loro prospettiva razionale appaiono assolutamente illogici, incoerenti, irrazionali, al punto che in molti casi tendono a fuggire di fronte ai conflitti. Hanno difficoltà ad entrare in contatto con le loro emozioni e ad esprimerle nella maniera appropriata, talvolta possono dire parole dolci ma in maniera fredda o restare calmi e inflessibili di fronte a situazioni che scuoterebbero visibilmente persone emotive, è solitamente difficile riuscire ad entrare in intimità con loro. Come la loro controparte estroversa, hanno un'intelligenza fisico-motoria estremamente sviluppata che può portarli ad eccellere in attività atletiche e sportive e sono molto attratti da situazioni rischiose o addirittura pericolose come sport estremi o professioni che permettono loro di sfidare il pericolo. Sono tipi di poche parole, preferiscono passare all'azione che perdersi in discorsi e preliminari. Hanno una forte attitudine nel comprendere il funzionamento meccanico degli oggetti. È facile trovare bravi programmatori di computer e tecnici informatici tra queste tipologie, la loro capacità di assorbire fatti e dettagli li rende abili analisti in qualsiasi ambito della statistica, ma possono essere anche abili carpentieri, meccanici, architetti, biologi, geologi, vigili del fuoco, poliziotti, investigatori privati, soldati di professione.

ESFP Estroverso, Sensoriale, Sentimento, Percezione

Nei tipi ESFP la funzione principale è data da S (sensazione estroversa), l'ausiliaria da F (sentimento introverso), la terziaria da T (pensiero estroverso), la funzione inferiore da N (intuizione introversa). Gli ESFP amano stare alla ribalta, essere al centro dell'attenzione e questo lo fanno in modo caloroso, amabile, attirando l'attenzione e la simpatia di chi sta loro intorno. Solitamente sono tipi socievoli, chiacchieroni, entusiasti, accoglienti, spontanei, ottimisti, altruisti, poco selettivi, portati a dare la loro amicizia indiscriminatamente a chiunque si dimostri educato con loro. Quando si tratta però di confidare i sentimenti più intimi e personali sono molto cauti ad aprirsi e lo fanno solo con pochi amici fidatissimi. Tendono ad essere degli intrattenitori nati, degli istrioni, delle "prime donne" da palcoscenico ed infatti è facile trovare tra queste tipologie molti personaggi dello spettacolo.

Sono spesso dotati di un forte senso estetico. In quanto sensoriali spesso prediligono oggetti che risveglino tatto, udito, vista, gusto, olfatto, adornando ad esempio l'ambiente con colori, incensi, profumi, campanellini che suonano mossi dall'aria, morbidi tessuti, spezie; tendono a curare la forma fisica e ad essere facilmente atletici e coordinati anche se solitamente in modo meno marcato e spericolato degli ESTP e gli ISTP. Tendenzialmente allegri e amanti del divertimento hanno un'intensa vita sociale e una molteplicità di hobby ed interessi. Per questa ragione rischiano di trovarsi sommersi da troppi impegni che non sempre riescono a rispettare, non per superficialità, ma perché sono facilmente distratti dai continui stimoli cui non sanno resistere, riesce loro difficile concentrarsi su un solo progetto alla volta e pianificare le giornate. Sono caratterizzati da un forte desiderio di piacere agli altri, nelle amicizie tendono ad essere leali e affidabili. La disapprovazione li ferisce profondamente e provoca in loro ansia e sensi di colpa; sono molto sensibili e possono offendersi parecchio se si sentono criticati o rifiutati, non amano i giudizi categorici ed inappellabili e sono poco amanti della disciplina, di conseguenza tendono a tenersi alla larga dalle persone autoritarie. Come tutti gli F (sentimento) hanno bisogno di mantenere armonia nel loro ambiente e cercano di evitare scontri e conflitti. Essendo persone molto sociali è facile che preferiscano gli sport di squadra rispetto a quelli solitari, amano i raduni, le grandi feste, la musica, la danza, i giochi di gruppo. Sono adatti a svolgere qualsiasi attività richieda doti di public relation, a lavorare nel campo dell'organizzazione di eventi, animatori di feste. La loro componente F (sentimento) li predispone anche per attività di aiuto alla persona come assistenti sociali, infermieri, insegnanti di scuola materna ed elementare, la loro componente S (sensoriale) a fare gli stilisti di moda, arredatori di interni, negozianti soprattutto nel campo dei cosmetici, del cibo, della floristica, dell'abbigliamento, della sartoria e di qualsiasi merce passi attraverso i cinque sensi.

ISFP Introverso, Sensoriale, Sentimento, Percezione

Nei tipi ISFP la funzione principale è data da F (sentimento introverso), l'ausiliaria da S (sensazione estroversa), la terziaria da N (intuizione introversa), la funzione inferiore da T (pensiero estroverso). Gli ISFP avendo come funzione principale F, il sentimento, associato però all'introversione, esteriormente possono apparire freddi, distanti e impenetrabili in quanto tendono a non esternare la loro natura che invece è estremamente sensibile e vulnerabile. Tendono ad essere persone selettive e riservate, preferiscono avere pochi amici intimi che tante amicizie superficiali. Spesso detestano le convenzioni sociali ed hanno difficoltà a rapportarsi con le persone che giudicano, dal loro punto di vista, troppo conformiste. Siccome hanno difficoltà ad esternare i loro sentimenti e ad essere assertivi, corrono il rischio di trovare persone che si approfittino di loro o non gli lascino spazio sufficiente per esprimersi. Tendono a interpretare ogni cosa a livello personale ed è facile ferirli, anche senza farlo intenzionalmente. La loro tendenza a non manifestare le emozioni negative potrebbe portarli a nutrire un sentimento di rancore e a tenerselo dentro più a lungo di quanto sia opportuno. Sono tra le tipologie più sensibili, attenti ai sentimenti e ai valori delle persone, tendono a farsi carico di tutte le preoccupazioni del mondo e vengono estremamente colpiti dal dolore, l'infelicità e le disgrazie altrui. Tendono inoltre a sottovalutarsi e a sottovalutare il frutto del loro lavoro, qualunque cosa facciano, pensano che avrebbero potuto farla meglio; solitamente non amano essere al centro dell'attenzione. Come la loro controparte estroversa tendono a vedere i pregi delle persone e a ignorarne i difetti; pazienti, flessibili e dotati di un'innata saggezza, tendono a concentrarsi sul presente e a prediligere le cose semplici della vita cercando di complicarsela il meno possibile. Avendo la funzione sensoriale come ausiliaria è facile che siano portati per le attività fisiche e sportive, per la musica e l'arte, abbiano buon gusto nel vestirsi e nell'adornare il loro ambiente, amino stare all'aria aperta, in mezzo alla natura, siano dotati di una buona memoria fotografica e prediligano dedicarsi ad attività concrete che producano risultati diretti e reali e gli permettano di utilizzare i loro cinque sensi. È facile trovare, tra queste tipologie, persone che riescono a fare dell'arte la loro professione. Nei lavori "convenzionali" tendono a prediligere attività con orari ben definiti e che non prevedano straordinari in quanto per gli ISFP è vitale trovare spazio da dedicare ai loro hobby e i loro affetti. Sono solitamente portati per lavori come venditori, infermieri, fisioterapisti, erboristi, botanici, veterinari, geologi, insegnanti di scuola materna ed elementare, traduttori, assistenti sociali, stilisti di moda, designer d'interni, pittori, scultori, ceramisti.

ENTJ Estroverso, Intuitivo, Pensiero, Giudizio

Nei tipi ENTJ la funzione principale è data da T (pensiero estroverso), l'ausiliaria da N (intuizione introversa), la terziaria da S (sensazione estroversa), la funzione inferiore da F (sentimento introverso). È facile trovare tra gli ENTJ tipologie predisposte alla leadership. La loro estroversione li rende capaci di coinvolgere gli altri nei loro progetti, l'intuitività di cogliere il potenziale di ogni nuova idea, il pensiero di risolvere i problemi con logica e obiettività, il giudizio di agire senza esitazione quando è il momento di farlo. Come tutti gli intuitivi tendono a cogliere la visione di insieme di un progetto ma a trascurare i dettagli. Tendono ad avere una personalità dominante, non amano essere affiancati da persone indecise e non abbastanza veloci nell'afferrare le loro idee. Il loro bisogno di controllo sull'ambiente e sugli altri può raggiungere livelli esagerati e la loro ambizione può degenerare in prepotenza, aggressività, competitività. Talvolta possono apparire persone insensibili e arroganti, ma sanno anche essere degli ottimi motivatori, capaci di iniettare in altri entusiasmo ed energia, di trasmettere sicurezza, in quanto solitamente sanno cosa fanno, perché lo fanno e dove stanno andando. Sono portati per lo studio in quanto velocissimi ad afferrare i concetti, ma hanno la necessità di tradurlo subito in azione, spesso sono anche dei buoni oratori e sono capaci di gestire più progetti contemporaneamente. Solitamente non fuggono dai conflitti e dalle discussioni, sono disposti ad affrontarli apertamente perché non amano le ambiguità e le cose non ben definite, anche se spesso rischiano di farlo in modo troppo combattivo. Trovano sicurezza mantenendo il controllo sul loro mondo esterno, ma ciò non implica che abbiano sviluppato un equivalente controllo interiore e questo si manifesta nel loro atteggiamento spesso sospettoso, irrequieto, vigile e nervoso. Tendono a considerare i risultati più importanti delle persone sia si tratti degli gli altri, sia di loro stessi. Solitamente danno molta importanza allo status sociale e ciò potrebbe ripercuotersi anche nell'abbigliamento e negli oggetti di cui si circondano, che potrebbero scegliere più per rimarcare il loro potere che per mero piacere estetico. Possono dimostrarsi molto affabili e con uno spiccato senso dell'umorismo anche se solitamente usano queste doti per supplire alla loro incapacità di rapportarsi con gli altri a un livello di comunicazione profonda ed emotiva. Sono portati per tutte quelle professioni che richiedono posizioni di comando e responsabilità. È facile trovare manager, dirigenti, primari, capo ufficio tra queste tipologie, ma anche analisti di sistemi, architetti, economisti, ingegneri, amministratori d'impresa ecc.

INTJ Introverso, Intuitivo, Pensiero, Giudizio

Nei tipi INTJ la funzione principale è data da N (intuizione introversa), l'ausiliaria da T (pensiero estroverso), la terziaria da F (sentimento introverso), la funzione inferiore da S (sensazione estroversa). Gli INTJ sono tra le tipologie più creative, audaci e intellettualmente curiose. La loro funzione principale è l'intuizione che li rende dotati di una forte capacità immaginativa e gli permette di cogliere immediatamente il potenziale delle cose senza lasciarsi condizionare da limiti e preconcetti. Il pensiero, che è la loro seconda funzione più sviluppata, supportato dal giudizio, una volta che l'intuizione è arrivata alla coscienza non lascia che si disperda ma l'organizza in modo critico e razionale traducendola in una forma concreta. Sono portati per l'innovazione e per migliorare quello che esiste già. Rispetto ad altri tipi N (intuizione) portano a termine i progetti che hanno cominciato, tuttavia hanno bisogno di occuparsi di problemi complicati e di essere messi di fronte a sfide stimolanti; non amano la routine che inibisce la loro facoltà intuitiva e i progetti troppo teorici, preferiscono portare avanti idee che abbiano un'applicazione pratica. Nella quotidianità tendono ad essere distratti e disattenti ai dettagli fisici del loro ambiente perché troppo immersi nel loro mondo interiore di idee e progetti: sono i classici tipi che sbattono contro i mobili, si versano il caffè addosso o indossano la maglietta alla rovescia. Hanno inoltre difficoltà ad accedere alle emozioni proprie e altrui. Talvolta possono essere troppo magri perché sono talmente immersi in quello che fanno che si dimenticano di mangiare o al contrario, sovrappeso perché, per la stessa ragione, mangiano senza orari e quando avvertono la fame ingurgitano qualsiasi cosa sia loro a tiro. Tendono ad ignorare i punti di vista e i sentimenti delle altre persone e talvolta rischiano di utilizzare la critica in modo distruttivo soprattutto nelle loro relazioni personali. Amano molto la loro privacy ed è difficile conoscerli intimamente. Taluni possono sembrare freddi, austeri, impassibili, degli intellettuali snob ed elitari. Preferiscono lavorare da soli o con pochi colleghi scelti che stimano. Danno poca importanza alle opinioni altrui e preferiscono trovare dentro di sé la soluzione dei problemi. Solitamente sono perfezionisti e razionali nell'organizzare il lavoro, ma non riescono ad esserlo altrettanto nella sfera relazionale e sociale. Sono più portati per sport solitari e che non richiedano grandi capacità di coordinazione motoria, come passeggiate, maratone, nuoto; di solito amano i giochi di strategia e logica come rompicapo, scacchi, videogames. È facile trovare tra queste tipologie ricercatori, scienziati, inventori, ingegneri, giudici, architetti, pianificatori finanziari, programmatori di computer, sviluppatori di software, analisti di sistemi.

ENTP Estroverso, Intuitivo, Pensiero, Percezione

Nei tipi ENTP la funzione principale è data da N (intuizione estroversa), l'ausiliaria da T (pensiero introverso), la terziaria da F (sentimento estroverso), la funzione inferiore da S (sensazione introversa). Gli ENTP tra le tipologie estroverse sono i più anticonformisti. L'estroversione porterebbe verso il conformismo, associata però a N (intuizione) e P (percezione), spinge gli ENTP all'apertura al nuovo, ad essere attratti da ciò che si distingue dalla massa, oltre che dalla ricerca di continui nuovi stimoli, mentre T (pensiero), che è la loro funzione ausiliaria, li dota di un forte senso critico che li rende restii a seguire regole e tradizioni per pura convenzione e superstizione. Dotati di una mentalità estremamente aperta e versatile supportata da un forte entusiasmo ed energia che li rende instancabili nel perseguire i loro interessi, sono spesso degli abili comunicatori, capaci di coinvolgere gli altri nelle loro imprese, grazie anche a un certo fascino e simpatia che solitamente li contraddistingue. Sono abili ad anticipare le tendenze e a correre dei ragionevoli rischi per portare avanti le loro intuizioni, ma tendono a perdersi lungo la strada essendo più motivati dalla fase iniziale di un progetto che da quella finale. Solitamente sono degli abili intrattenitori e conversatori e sono dotati di uno spiccato senso dell'umorismo, amano frequentare persone che condividano i loro interessi per confrontarsi e scambiarsi le idee, tuttavia tendono a mancare di tatto a causa di una sensibilità emotiva meno sviluppata che in altri tipi e devono stare attenti a non cadere in qualche gaffe. La loro necessità di essere continuamente alla ricerca di nuovi stimoli e idee può portarli a muoversi ad un ritmo frenetico e sregolato, dimenticandosi delle faccende pratiche e trascurando i bisogni degli altri; tendono ad occuparsi di più cose simultaneamente e ad essere dispersivi, per questa ragione, pur avendo una forte propensione per le scienze e la matematica, solitamente non sono dei buoni studenti e possono avere difficoltà di concentrazione e di memoria. Hanno difficoltà ad arrivare puntuali agli appuntamenti, solitamente non amano le regole, le imposizioni e la burocrazia, preferiscono dirigere gli altri piuttosto che essere diretti per cui è facile che siano più adatti a svolgere una professione autonoma che un lavoro dipendente. Sono portati a svolgere sia attività che richiedono doti da public relation sia attività che richiedono attitudini matematiche e scientifiche. È facile trovare tra queste tipologie imprenditori, addetti alle risorse umane, giornalisti, reporter, produttori, direttori, esperti di pubbliche relazioni, ingegneri, scienziati, architetti, designer industriali.

INTP Introverso, Intuitivo, Pensiero, Percezione

Nei tipi INTP la funzione principale è data da T (pensiero introverso), l'ausiliaria da N (intuizione estroversa), la terziaria da S (sensazione introversa), la funzione inferiore da F (sentimento estroverso). Gli INTP sono i più intellettuali di tutti i tipi. Il pensiero unito all'intuizione e all'introversione, li rende inclini a una profonda introspezione, e al tempo stesso pronti a comprendere i concetti, a fare i collegamenti ed afferrare nuove soluzioni. Amano andare a fondo delle teorie rivoltando velocemente nella loro testa concetti, formule matematiche, idee, finché non trovano la combinazione giusta; si annoiano davanti alla routine e alle cose troppo facili, hanno bisogno di essere stimolati da problemi sempre più complessi da risolvere. Spesso hanno difficoltà a tradurre in parole comprensibili a tutti il contenuto delle loro menti ed anche per questa ragione non amano che gli altri interferiscano nel loro lavoro, preferiscono risolvere le loro sfide da soli. Sono più interessati alle idee che alle persone, sono disposti a correre dei rischi per sfide intellettuali, ma non altrettanto quando si tratta di relazioni personali. Sotto il profilo emozionale e relazionale presentano caratteristiche molto simili agli ISTP, calmi, distaccati, imperturbabili. Tendono ad essere persone molto indipendenti e sicure di sé, non amano controllare gli altri e a loro volta non amano essere controllati; essendo la funzione sentimento quella meno sviluppata tendono ad avere scarsa empatia. Solitamente il loro lavoro e il loro desiderio di trovare risposte scientifiche e matematiche ai grandi misteri della vita viene prima dei loro affetti. Talvolta non si rendono nemmeno conto che le persone hanno bisogno di attenzioni e rassicurazioni, tendono a dare tutto per scontato incluso il fatto che gli altri dovrebbero capire da sé quando vogliono bene a qualcuno, senza bisogno di parole, conferme e gesti gentili. Tendono ad essere più interessati all'insieme che ai dettagli, sia quando si tratta di elaborare una teoria quantistica che nell'ordinaria quotidianità. Sono le classiche persone che non notano nemmeno se hai cambiato la tappezzeria di casa o se un amico ha cambiato pettinatura. Solitamente non amano le convenzioni e il conformismo, hanno una mente troppo aperta a sondare cosa si cela dietro la realtà apparente per perdere tempo con le etichette sociali. Tendono ad essere minimalisti nell'arredare la propria casa, sono più interessati a non farsi mancare nessun oggetto che possa avere una funzione pratica per il lavoro e le loro passioni, che a circondarsi di cose per puro piacere estetico. Sono forse, tra tutte le tipologie, quelle meno interessate allo sport, alle attività fisiche e a curare il proprio aspetto. Si trovano facilmente in professioni che richiedano competenze matematiche, fisiche e scientifiche, sono solitamente dei buoni programmatori, analisti di sistemi, ricercatori, ingegneri; se scelgono la carriera dell'insegnamento è più facile trovarli dentro le università che nelle scuole dell'obbligo, se fanno gli scrittori è più facile che si dedichino alla saggistica che alla narrativa, ci sono anche molti psicologi tra queste tipologie, generalmente però un INTP che si interessa di psicologia è più motivato dalla curiosità scientifica di capire perché le persone si comportano in un certo modo, piuttosto che da una spinta empatica ad aiutare gli altri.

ENFJ Estroverso, Intuitivo, Sentimento, Giudizio

Nei tipi ENFJ la funzione principale è data da F (sentimento estroverso), l'ausiliaria da N (intuizione introversa), la terziaria da S (sensazione estroversa), la funzione inferiore da T (pensiero introverso). Gli ENFJ sono forse i più empatici delle sedici tipologie. Riescono a captare le emozioni altrui, a leggere il linguaggio del corpo e gli stati d'animo anche di chi cerca di celarli. Per loro è importantissimo mantenere l'armonia nei rapporti, sono mossi da una forte spinta ad aiutare gli altri, ad anticiparne i bisogni soprattutto se di origine emotiva. Solitamente sono persone calorose, compassionevoli, espansive che riescono ad entrare facilmente in comunicazione con gli altri e questo permette loro di stabilire una vasta rete di relazioni e conoscenze. Sono anche degli abili persuasori, la loro capacità oratoria, unita alla loro vivacità, entusiasmo e ad una forte carica emozionale, che trasmette calore ed empatia, li rende capaci di influenzare gli interlocutori in maniera profonda. Tuttavia, raramente sono dei meri manipolatori, amano veramente comprendere a fondo le persone, connettersi con loro, sentire le emozioni altrui come fossero le proprie; tendono a fare dipendere la propria autostima dall'ambiente sociale in cui si trovano e ad imputare a loro stessi la causa di eventuali fallimenti. La predisposizione ai contatti umani deriva da F che è la loro funzione primaria ed è ciò che li muove e li fa sentire vivi. La funzione ausiliaria, N l'intuizione, li predispone invece ad essere curiosi nei confronti delle nuove idee, ad avere una mente aperta verso tutte le teorie, ad immaginare nuove possibilità oltre a ciò che già è conosciuto. La predisposizione all'estroversione li rende solitamente capaci di gestire a livello lavorativo diversi progetti contemporaneamente, a livello intuitivo diversi piani di pensiero, dedicando a ciascuno la quantità di attenzione che merita. Spesso non riescono ad essere obiettivi essendo T (pensiero) la loro funzione meno sviluppata ed hanno difficoltà a ponderare accuratamente le scelte e a prendere decisioni logiche; rischiano di essere troppo sensibili e di interpretare a livello personale cose che invece non sono dirette contro di loro di conseguenza hanno la tendenza a reagire con eccesso di ipersensibilità È facile che siano attratti dai libri, gli interessi accademici, l'arte, la musica, la scrittura, gli eventi culturali e sociali. Sanno essere dei bravissimi motivatori sia a livello individuale che di gruppo e sono portati per tutte le professioni che richiedono una forte capacità empatica e di comunicazione. Sono spesso inclini alla spiritualità e si trovano facilmente anche in carriere religiose oltre che nel campo del counseling, la psicologia, l'insegnamento, le pubbliche relazioni e le carriere artistiche.

INFJ Introverso, Intuitivo, Sentimento, Giudizio

Nei tipi INFJ la funzione principale è data da N (intuizione introversa), l'ausiliaria da F (sentimento estroverso), la terziaria da T (pensiero introverso), la funzione inferiore da S (sensazione estroversa). Gli INFJ avendo come funzione ausiliaria F (sentimento), che come per tutti gli Introversi è la funzione che mostrano all'esterno, possono essere scambiati per tipi estroversi: sono infatti meno individualisti di altre tipologie introverse, solitamente amano passare il loro tempo in compagnia degli altri, sono attenti ai bisogni del loro prossimo, solidali, premurosi, sensibili, persone che sanno ascoltare. Per loro è molto importante mantenere l'armonia nelle relazioni, di solito preferiscono restare dietro le quinte che agire in prima linea, solitamente sono persone calme, accomodanti, sagge, gentili, disponibili, oneste, sincere e pacate. La loro funzione principale, che è l'intuizione, li rende molto creativi, dotati di una spiccata immaginazione e di una mente aperta capace di anticipare il futuro e spesso anche portati per il misticismo e la spiritualità; N (intuizione) associata a F (sentimento) rafforza la loro sensibilità emotiva rendendoli, come la loro controparte estroversa, capaci di leggere gli stati d'animo altrui, i pensieri non espressi, il linguaggio non verbale; la loro capacità di vedere oltre le apparenze li rende persone difficili da ingannare con le menzogne e capaci di comprendere gli altri meglio di quanto invece non riescano a comprendere se stessi. Tendono a interpretare tutto a livello personale sentendosi feriti, responsabili e chiamati in causa anche in situazioni in cui in realtà nessuno li sta criticando o giudicando. La predisposizione J (giudizio) li rende persone inclini al perfezionismo, responsabili, decise, organizzate e abili pianificatori; sono di solito lavoratori instancabili, produttivi, in grado di raggiungere gli obiettivi che si sono prefissati. In quanto introversi ed intuitivi di solito non amano conformarsi alla maggioranza e cercano di trovare le risposte giuste all'interno di loro stessi. Spesso sono caratterizzati da un forte gusto estetico e dall'interesse per l'arte classica, la musica, i viaggi; è facile trovare collezionisti d'arte, antiquariato, libri rari, tra questi tipi; il loro interesse è mosso più da un gusto affettivo e intellettuale per quello che gli oggetti rappresentano a livello storico e per le emozioni che essi trasmettono che da un mero piacere di circondarsi di oggetti che risveglino i sensi come ad esempio accade con i tipi S, sensoriali. Sono portati per tutte quelle professioni che richiedono estro artistico, capacità di relazionarsi con gli altri ed empatia. È facile trovarli a lavorare in campi che hanno a che fare con l'editoria e la creatività, come il designer grafico, l'illustratore, il direttore artistico, e con le scienze umane come la psicologia, il counseling, l'educazione, l'assistenza sociale.

ENFP Estroverso, Intuitivo, Sentimento, Percezione

Negli ENFP la funzione principale è data da N (intuizione estroversa), l'ausiliaria da F (sentimento introverso), la terziaria da T (pensiero estroverso), la funzione inferiore da S (sensazione introversa). Gli ENFP sono forse i più versatili tra le sedici tipologie, in grado di ottenere buoni risultati in quasi tutte attività cui venga loro voglia di dedicarsi. La loro estroversione li porta a cercare il contatto con la gente e a restare aperti agli stimoli offerti dalla realtà esterna, la funzione N (intuizione) che è la loro primaria, rafforzata da P (percezione), li rende inclini anche alla riflessione teorica, l'elaborazione di idee complesse, a cogliere i legami tra le cose senza accontentarsi di restare sulla loro superficie. Solitamente sono dotati di molta energia, che li rende quasi instancabili, sono persone entusiaste, curiose, di mentalità aperta, tolleranti, dotati di grande empatia e grande capacità comunicativa. Come gli I e gli E NFJ sono molto interessati a capire le persone e sono capaci di "leggerle" captando anche il non detto, intuendone gli stati d'animo e i pensieri. In quanto P (percezione) solitamente non amano le convenzioni, l'autorità e le regole, sono tendenzialmente anticonformisti ma, al tempo stesso, capaci di stabilire relazioni e legami con tutte le tipologie di persone senza farsi condizionare dalle reciproche diversità e dal ceto sociale di appartenenza. Per questa ragione tendono ad avere una rete sociale di amicizie molto fitta con cui cercano di non perdere i contatti. Sono affamati di novità, sono sempre in continuo movimento alla ricerca di nuove idee, nuove persone da conoscere, nuove sfide professionali, nuove aspirazioni, nuovi interessi. La staticità per loro è la morte, le uniche occupazioni che non potrebbero reggere sono quelle ripetitive, che richiedono molta attenzione ai dettagli e di concentrarsi su una sola cosa. Non si limitano a cercare all'esterno nuove idee e possibilità, ma le generano anche loro stessi. Come altri intuitivi (specie quelli non supportati dalla funzione T pensiero) tendono ad avere difficoltà a valutare se le loro idee possono essere attuabili

nella realtà. Pur avendo una mente brillante e aperta alla teoria hanno bisogno di mettere in pratica quello che studiano e non sentono di conoscere
veramente una cosa fino a quando non l'hanno vissuta attraverso l'esperienza personale. Come gli altri F (sentimento) tendono ad eccedere in ipersensibilità, prendendo i fatti in maniera smisurata e personale e ad evitare i
conflitti anche quando sarebbe necessario affrontarli. È facile trovare attori,
musicisti, fotografi, foto reporter, giornalisti e scrittori tra queste tipologie.
Sono adatti a svolgere qualsiasi professione richieda versatilità, creatività,
capacità comunicative e di relazione, spesso sono abili venditori, negozianti,
guide turistiche, pubblicitari, scienziati, insegnanti, diplomatici, counselor,
psicologi, psichiatri, coach, addetti alle pubbliche relazioni, organizzatori
d'eventi, ecc.

INFP Introverso, Intuitivo, Sentimento, Percezione

Negli INFP la funzione principale è data da F (sentimento introverso), l'ausiliaria da N (intuizione estroversa), la terziaria da S (sensazione introversa),
la funzione inferiore da T (pensiero estroverso). Gli INFP sotto il profilo
emozionale e relazionale presentano caratteristiche più o meno simili agli
ISFP; possono talvolta apparire freddi e distaccati, ma sono invece molto
sensibili e vulnerabili, sono selettivi e riservati, non è facile entrare in con-
fidenza con loro, ma chi fa parte della loro cerchia ristretta può contare sul
loro sostegno e lealtà, non amano le convenzioni sociali, talvolta si sentono
un po' alieni e fuori posto nel mondo. Solitamente appaiono calmi e accomodanti, ma possono covare rancore perché tendono a tenersi dentro le emozioni negative. Piuttosto che affrontare un conflitto e provare a negoziare
compromessi preferiscono tirarsi fuori dalla situazione scomoda o eliminare
dalla loro vita le persone che li hanno offesi. Per essi è molto importante la
coerenza tra quello che si dice e quello che si fa, sono spesso sognatori ed
idealisti, tendono a idealizzare i rapporti ed è facile che si ritrovino spiazzati
e delusi quando qualcuno non si rivela all'altezza delle loro aspettative.
Sotto il profilo emotivo gli INFP tendono ad essere più individualisti degli
ISFP, indipendenti e meno attaccati alle cose, alla materia, al passato e alla
famiglia. La prevalenza della funzione sensoriale infatti porta gli ISFP a focalizzarsi sulle piccole gioie del presente offerte da madre natura e percepite

attraverso i cinque sensi, mentre la prevalenza della funzione intuitiva porta gli INFP ad aprirsi a nuovi orizzonti, a intuire l'esistenza di realtà inafferrabili attraverso i cinque sensi, a proiettarsi oltre il qui ed ora. Gli INFP sono tra le tipologie maggiormente dotate di fantasia e creatività ed anche le più inclini all'ascetismo e alla ricerca spirituale. Questo li porta talvolta a trascurare la vita sociale, quando sono ispirati da qualche attività creativa vi si immergono totalmente, isolandosi dal mondo. Per loro è vitale potere seguire le proprie passioni senza essere soffocati dal tempo e dagli impegni, ma è anche causa di grande frustrazione perché spesso le necessità economiche e le convenzioni sociali non lo permettono. Tendono a non curare la propria persona fisica perché sono troppo impegnati in attività spiritualmente o creativamente "più elevate", a differenza degli ISFP che curano molto l'abbigliamento e il corpo, gli INFP tendono alla trasandatezza, tuttavia il loro estro e fantasia, soprattutto tra i giovani, potrebbe ispirare alcuni INFP a vestirsi in modo elaborato ed eccentrico. Essendo T (pensiero) la loro funzione meno evoluta, possono avere difficoltà a valutare le cose obiettivamente ed essendo principalmente focalizzati sul loro mondo interiore, trascendentale o fantastico, tendono ad avere poco senso pratico. È facile riscontrare in loro un lato innocente ed infantile che solitamente esternano solo con le persone più intime. Si trovano molti scrittori in questa tipologia, in quanto N (intuizione) li predispone al linguaggio verbale, astratto e simbolico e alla creatività, I (introversione) ad isolarsi dal mondo ed immergersi totalmente nella stesura delle proprie opere, ma si trovano anche creativi nell'ambito della pubblicità e della comunicazione, artisti di teatro, linguisti, traduttori, librai, accademici, ricercatori universitari, insegnanti, counselor, psicologi.

3.7 MBTI Un approccio estroverso alla teoria di Jung

Alla luce di quanto sosteneva Jung secondo il quale esistono due modi altrettanto veri di percepire una sola e stessa situazione, potremmo definire il sistema elaborato dalle Briggs-Myers più estroverso e pragmatico rispetto all'originale di Jung più introverso e psicoanalitico. La Myers dichiara che uno dei motivi che l'ha spinta a collaborare con la madre per "perfezionare" il modello di Jung è stato il desiderio di aiutare le persone a comprendersi e comunicare meglio tra loro. Ella sperava che attraverso la diffusione della conoscenza delle tipologie psicologiche si potessero prevenire sia gli sgradevoli conflitti cui aveva assistito durante le sue esperienze lavorative tra colleghi, capi e subalterni, sia quelli più drammatici tra le nazioni, di cui era stata testimone durante la seconda guerra mondiale. Il loro è un modello che pone l'accento sull'esterno, la comunicazione, uno strumento che può essere utilizzato nella vita quotidiana per capire meglio le persone che incontriamo per strada, il vicino di casa, il negoziante dove ci rechiamo per fare la spesa, i propri familiari, colleghi, compagni di scuola. Sebbene le Briggs-Myers postulino sedici tipologie, queste possono raccogliersi in quattro clusters: i tradizionalisti (SJ le quattro tipologie caratterizzate dalla funzione sensoriale e giudicante), gli esperienziali (SP le quattro tipologie caratterizzati dalla funzione sensoriale e percettiva), i concettuali (NT le quattro tipologie caratterizzate dal pensiero e l'intuizione), gli idealisti (NF, le quattro tipologie caratterizzate dal sentimento e l'intuizione). Ciò ha permesso al loro modello, di suscitare l'interesse anche nell'ambito della comunicazione persuasiva e del marketing. Il modello di Jung, pur racchiudendo questi aspetti, nasce in un contesto clinico, all'interno di sedute psicoanalitiche talvolta protratte per anni, e pone quindi maggiormente l'accento sull'interno, sull'introspezione, il processo di individuazione, la scoperta della propria ombra. Non sono riuscita a trovare informazioni relative a cosa pensasse Jung del modello MBTI, forse perché il test psicologico che ne deriva, seppure la prima versione risalga alla fine della seconda guerra mondiale, ha cominciato a diffondersi e diventare conosciuto dopo che Jung era già morto. Tuttavia, in un'intervista rilasciata a Richard I. Evans nel 1957 Jung dichiara: «Dunque, attraverso lo studio di tutti i possibili tipi umani, giunsi alla conclusione che devono esistere altrettanti modi diversi di vedere il mondo. Il mondo non ha una sola faccia, bensì molte, almeno sedici...» (Jung 1957 in McGuire e Hull, p. 426). Inizialmente il modello delle Briggs-Myers ha faticato a imporsi, probabilmente perché nessuna delle due autrici aveva una formazione accademica ufficiale in medicina e psicologia, tuttavia a partire dagli anni sessanta del secolo scorso, grazie al contributo della psicologa Mary McCulley che ha aiutato le due autrici a perfezionare il test e a dargli credibilità accademica, oltre ad affermarsi nell'ambito della psicologia del lavoro e della comunicazione, questo modello ha cominciato ad entrare nelle università suscitando l'interesse di molti ricercatori che hanno sottoposto vari test di ispirazione junghiana, tra cui l'MBTI, a verifiche che esporrò nel capitolo successivo.

3.8 Claudio Naranjo

Claudio Naranjo (Valparaiso 1932) è uno psichiatra, psicoterapeuta e antropologo cileno. Ha studiato medicina, musica e filosofia. Negli anni sessanta del secolo scorso si è trasferito negli USA ed ha studiato nell'istituto Esalen dove è diventato allievo di Fritz Perls, il fondatore della terapia della Gestalt. Uno dei suoi interessi principali è sempre stato lo studio delle tipologie psicologiche che lo ha portato a collaborare anche con Raymond B. Cattel, parallelamente si è interessato di antropologia, spiritualità, religione, esoterismo, entrando in contatto con personaggi come Carlos Castaneda, Oscar Ichazo, Idries Shah. Nel corso degli anni ha cominciato ad elaborare una propria classificazione di tipologie psicologiche utilizzando un simbolo "esoterico" l'enneagramma (simbolo introdotto in occidente da Georges I. Gurdjieff, una guida spirituale di origine armena) che Naranjo ha utilizzato facendone un'interpretazione del tutto personale. La sua classificazione tipologica durante gli ultimi decenni ha raggiunto molta popolarità. L'approccio di Naranjo, come quello di Jung, trae spunto sia da una visione mistica-trascendentale che clinica, cercando di integrare varie discipline incluso le tipologie della medicina omeopatica e il DSM. Tra i molti autori che lo hanno ispirato Jung ha una posizione di rilievo, di questi Naranjo scrive nella premessa al suo libro *Caratteri e Nevrosi*: «Un progetto che si è andato delineando mentre lavoravo a questo libro è stato quello di una spiegazione sistematica della corrispondenza degli enneatipi con i tipi psicologici junghiani» (Naranjo 1994, p.23). Naranjo individua nove tipologie principali (da qui l'utilizzo del termine ennea gramma che significa nove disegni) che pone su un cerchio unendoli con delle linee che vanno a formare una stella a nove punte il cui triangolo interno, formato dai punti 6, 3, 9, li suddivide a sua volta in tre gruppi principali: schizoide, isteroide, epilettoide. Tutti i nove punti della stella possono essere utilizzati per indicare emozioni, fissazioni, nevrosi, psicosi, vizi e virtù. Lo scopo dell'enneagramma di Naranjo consiste nell'individuare la propria tipologia per conoscerne le caratteristiche dominanti al fine realizzare l'equivalente del processo di individuazione di Jung. Naranjo classifica i tipi numerandoli dall'uno al nove.

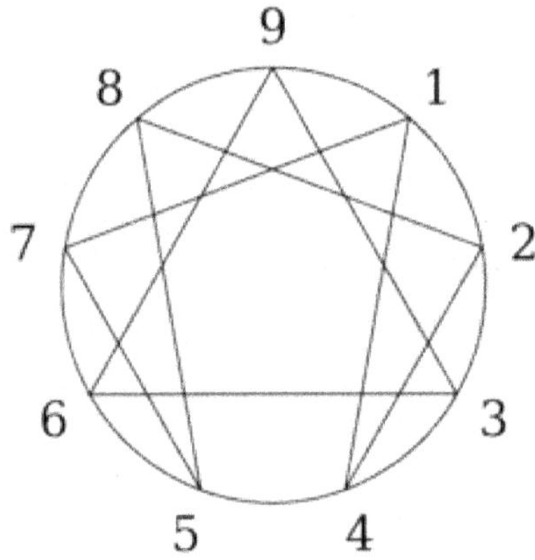

3.9 Le nove tipologie dell'enneagramma secondo Naranjo: corrispondenze con i tipi psicologici di Jung

L'enneatipo 1 è contraddistinto dalla rabbia e il perfezionismo. La rabbia intesa come risentimento che cova all'interno, quindi non esternata in maniera istintiva, ma espressa per lo più in maniera inconscia attraverso il controllo e la razionalizzazione. Questa tipologia può apparire iper controllata ed educata ed esternare uno stile "puritano". Naranjo sostiene che si avvicina al tipo pensiero estroverso di Jung. «Nell'ambito delle applicazioni ai test della tipologia junghiana, la migliore corrispondenza è stata riscontrata nel tipo estroverso, con predominanza della sensazione sull'intuizione, del pensiero sul sentimento e del giudizio sulla percezione» (Naranjo 1994, p. 65).

L'enneatipo 2 è contraddistinto dalla superbia e la personalità istrionica. La superbia è letta come passione per l'autoesaltazione, in questo caso anche il dare agli altri risulta un dare finalizzato alla seduzione e all'autoglorificazione. Utilizza l'adulazione sia nei confronti degli altri per circuirli sia verso sé stesso per esaltare la propria immagine. Tende ad essere impulsivo, seduttivo, a mostrare modi dolci e calorosi di rapportarsi all'altro, ad identificarsi col suo sé ideale e rifiutare l'immagine di sé che non gli corrisponde. Si avvicina alla tipologia junghiana Sentimento Estroverso.

L'enneatipo 3 è contraddistinto dalla vanità, l'inautenticità e l'orientamento mercantile. La vanità qui è intesa come la necessità di questo tipo di «"dimostrare" obiettivamente il proprio valore mettendo attivamente in mostra la propria immagine di sé agli occhi di un generico "altro". Ciò lo porta a una vigorosa ricerca del successo e a essere in ottima forma, per lo meno sulla base dei modelli quantitativi o dei criteri generalmente accettati» (idem, p.190). La sua passione è l'inganno inteso come mancanza di verità in relazione ai suoi sentimenti, mentre quando si tratta di descrivere un evento esterno oggettivo che non tocca la sua sfera dei sentimenti personali il tipo 3 è capace di fare un rendiconto fedele, accurato e realistico. Tende ad avere autocontrollo sui suoi sentimenti, a mostrare solo i sentimenti socialmente accettabili. «Alla base della loro disfunzione patologica sta la confusione tra l'immagine di sé che vendono (e che gli altri comprano) e ciò che realmente sono» (idem p. 190-191). Naranjo sostiene che questo tipo rappresenta il prototipo dominante della società americana e forse per questa ragione non compare una descrizione con caratteristiche corrispondenti nel DSM III. Anche nelle tipologie junghiane c'è meno corrispondenza rispetto ad altri enneatipi, si avvicina in parte al tipo estroverso con sensazione e pensiero ben sviluppati.

L'enneatipo 4 è contraddistinto dall'invidia e il carattere depressivo – masochista. L'invidia in questa accezione rappresenta un fattore auto frustrante in quanto implica un senso di mancanza, di smisurato desiderio d'amore che non potrà mai essere colmato. Il 4 tende ad essere caratterizzato anche dalla vanità e da un interesse eccessivo per l'immagine di sé, ma a differenza di altri tipi che si identificano con il loro sé ideale, il 4 si identifica «con la parte della psiche che *non* corrisponde all'immagine idealizzata, e lotta continuamente per ottenere l'impossibile» (idem, p.105). Desidera intensamente soddisfare i propri bisogni ma ciò lo porta a provare senso di colpa. Nelle tipologie junghiane non c'è un tipo che si possa definire corrispondente al 4 sebbene alcuni tratti si avvicinino a quelli del sentimento introverso.

L'enneatipo 5 è contraddistinto dall'avarizia e il distacco patologico. L'avarizia non necessariamente intesa all'aggrapparsi alle cose materiali, ma anche al trattenersi in quanto «poiché questo individuo si è rassegnato a non ottenere amore e non sa stringere rapporti con gli altri, si aggrappa a sé stesso in maniera compensatoria» (idem, p.79). Tende ad essere un tipo dotato intellettualmente, un pensatore, un concettuale, una personalità passiva portata a chiudersi in sé stessa. Corrisponde ai tipi introversi di Jung ed in particolare al sensoriale introverso. «Analizzando le descrizioni dei sedici profili di Keirsey e Bates, ottenuti con un test tratto dal Myers-Briggs, rilevo che la psicologia del Cinque corrisponde a quella dell'introverso con una predominanza dell'intuizione sulla sensazione, del pensiero sul sentimento e della percezione sul giudizio» (idem, p.90).

L'enneatipo 6 è contraddistinto da vigliaccheria, carattere paranoide e accusa. La vigliaccheria, intesa come un'inibizione all'azione dovuta alla paura, è la passione dominante di questo tipo. La paura tuttavia può manifestarsi anche nel suo opposto, ovvero uno sforzo eroico di natura contro fobica compensatoria, oppure come ansia, auto invalidazione, auto opposizione, auto rimprovero. Ha tratti simili alla tipologia junghiana Pensiero

Introverso. «Nell'ambito dei profili emersi dal test (MBTI), la variante contro fobica del tipo 6 è rappresentata dall'individuo estroverso con predominanza dell'intuizione sulla sensazione, del pensiero sul sentimento, del giudizio sull'interesse alla percezione di sé» (idem, p. 213).

L'enneatipo 7 è contraddistinto dalla gola, la fraudolenza e la personalità narcisistica. La gola non si riferisce solo al cibo ma è intesa come passione per il piacere che allontana l'individuo dalle sue potenzialità di autorealizzazione. Tende ad affrontare «il mondo con la strategia delle parole e delle 'buone ragioni', (è) una persona che manipola usando l'intelletto» (Idem, p.151). Tende a non accontentarsi mai di quello che ha, a volere sempre di più, a cercare ciò che è inaccessibile e bizzarro. Corrisponde al tipo Intuizione Introversa di Jung, nei sedici profili delle Myers.Briggs elaborati da Keirsey e Bates si avvicina molto al «tipo introverso con più intuizione che sensazione, più pensiero che sentimento e una predominanza del giudizio sulla percezione» (idem, p. 156).

L'enneatipo 8 è contraddistinto dal carattere sadico e la lussuria. La lussuria non è riferita solo all'oggetto sessuale ma all'eccesso in generale, "all'andare al massimo" come canta Vasco Rossi, ad esempio guidando ad alta velocità, abusando di alcol, droghe, cibo, praticando sport pericolosi ed estremi, mettendo la musica ad alto volume ecc. Tuttavia l'eccesso di vitalità esternato da questo tipo per Naranjo «altro non è che il tentativo di compensare una segreta mancanza di vitalità». Soddisfa i propri bisogni senza che ciò gli provochi sensi di colpa, tende ad essere una persona pratica, impulsiva, insensibile ed edononista; nega i suoi sentimenti in favore della sua autosufficienza che tuttavia nasconde una controreazione alla dipendenza. Si avvicina al tipo Sensoriale Estroverso di Jung.

L'enneatipo 9 è contraddistinto dall'inerzia psicospirituale e la tendenza alla mediazione. La sua passione dominante è l'accidia che può essere intesa come mancanza di motivazione all'azione. Il 9 tende ad essere un individuo iper adattato, preoccupato a non causare guai nel quale «l'accidia si manifesta non tanto nell'avversione per le cose dello spirito quanto in una perdita di interiorità, in una sorta di ripugnanza per l'indagine psicologica e in una certa resistenza al cambiamento che coesiste con una stabilità eccessiva e una tendenza conservatrice» (idem p. 227). Si avvicina al tipo Sentimento

Introverso di Jung. «Analizzando i profili emergenti dai test, si riscontra che il tipo Nove è riconoscibile nel quadro di una predominanza introversione-pensiero-giudizio, caratterizzata da espressioni quali: "decisione nelle questioni pratiche" e "custodi delle istituzioni consacrate dal tempo"» (idem p. 231).

3.10 Richard Bandler e John Grinder

Richard Bandler (1950) e John Grinder (1940) sono rispettivamente uno psicologo e un linguista che insieme hanno elaborato la *Programmazione Neurolinguistica*, un metodo di comunicazione che ha riscosso molta popolarità soprattutto negli ambienti del marketing, della comunicazione persuasiva, del lavoro, dello sviluppo personale. Il presupposto di base della loro teoria è che gli schemi comportamentali appresi nel corso delle prime esperienze di vita sono codificati nel nostro cervello attraverso il linguaggio.

Lavorando sulla riprogrammazione del cervello, attraverso tecniche ispirate all'ipnosi di Milton Erikson e l'immaginazione attiva, è possibile bypassare i condizionamenti limitanti che non ci permettono di vivere una vita felice ed appagante sostituendoli con una riprogrammazione che favorisca il processo di autodeterminazione dell'individuo. La PNL nell'insieme appare abbastanza distante dal pensiero di Jung in quanto molto più vicina alla concezione cognitivo-costruttivista e fortemente influenzata dalla cultura americana del "think positive", pensare positivo, che non tiene in considerazione il meccanismo di compensazione tra conscio e inconscio ed il lavoro sull'ombra. Troviamo invece una risonanza con il pensiero di Jung nel concetto dei sistemi rappresentazionali secondo cui le persone codificano il mondo attraverso tre modalità sensoriali con le quali organizzano e danno significato alle esperienze: visiva, auditiva, cinestesica. Ogni persona, come nel concetto di "funzioni" di Jung, ha una sua modalità preferita di percepire il mondo che determina la sua tipologia. Si tratta di un concetto molto semplificato rispetto ad altre classificazioni tipologiche. Bisogna considerare tuttavia che la PNL è largamente utilizzata nelle tecniche di marketing. Un agente di assicurazioni che deve, per esempio, vendere una polizza a un potenziale cliente, ha bisogno di individuare già dal primo incontro e nel più breve tempo possibile la tipologia del suo interlocutore se vuole portare a buon fine la sua vendita, non potrà certo sottoporre un test psicologico al suo cliente né tantomeno farsi un'idea della sua tipologia nel corso di una lunga serie di sedute.

3.11 Le tre tipologie della PNL (James R. 2016, Blander R.2009) [3]

Il tipo Visivo

In questi tipi prevale la modalità visiva nella percezione e decodificazione della realtà circostante, di conseguenza hanno più sviluppata la memoria visiva e maggiore difficoltà nel memorizzare verbalmente. Trovano difficoltà a costruire un concetto astratto senza il supporto delle immagini. Le persone visive tendono ad avere gli occhi rivolti verso l'alto e questo si riflette anche sulla respirazione che sarà prevalentemente identificabile nelle spalle e nella postura solitamente eretta. Utilizzano parole e frasi che rimandano alla sfera visiva, non sono facilmente distratte dai rumori. Se partecipano ad un progetto sono più interessate alla sua forma che al suo contenuto. Tendono ad essere persone organizzate, metodiche, ordinate, eleganti, ad essere interessate all'apparenza delle cose. Si avvicinano all'estroverso sensoriale di Jung, con modalità J (giudizio) prevalente secondo il sistema delle Myers-Briggs.

Il tipo Uditivo

In questi tipi prevale la modalità auditiva nella loro percezione e decodificazione della realtà circostante, di conseguenza hanno più facilità ad imparare ascoltando, memorizzando per gradi i procedimenti e le sequenze dei dati. Le persone auditive tendono a muovere gli occhi lateralmente come per ascoltare in direzione di entrambe le loro orecchie e ad avere la respirazione toracica. Sono portate al dialogo interiore e possono essere molto infastidite dai rumori. Usano parole che rimandano alla sfera auditiva, possono avere un tono di voce molto alto o molto basso. Se partecipano ad un progetto sono più interessate a ciò che si deve dire che alla sua organizzazione. Di solito sono portate per la musica oltre che ad elaborare le informazioni e di conseguenza alla pianificazione, la sintesi, a collegare i dati fra loro. Si avvicinano ai tipi Pensiero di Jung e racchiudono sia gli introversi che gli estroversi.

Il tipo Cinestesico

In questi tipi prevale la modalità cinestesica nella loro percezione della realtà circostante, di conseguenza hanno più facilità ad imparare facendo. Le persone cinestesiche tendono a muoversi lentamente, ad avere la respirazione addominale, ad amare il contato fisico, ad indossare abbigliamento comodo, ad utilizzare un linguaggio che utilizza il tatto per esprimere pensieri ed emozioni. Se partecipano ad un progetto sono maggiormente interessate ai contenuti che alla forma. Si avvicinano sia ai tipi Sentimento che Intuizione di Jung e racchiudono sia gli introversi che gli estroversi.

CAPITOLO 4

L'utilizzo della teoria dei tipi psicologici nel counseling, nella pratica clinica e psicologica.

4.1 I "Tipi" nella clinica e nel counseling: applicazioni pratiche

Jung sosteneva che è importante per lo psicologo (o il counselor) essere in grado di stabilire in primo luogo se il suo cliente è introverso o estroverso, in secondo luogo quali sono le funzioni prevalenti in quanto «noi riceviamo il nostro orientamento, la bussola per orientarci nella caotica sovrabbondanza di impressioni, da quelle quattro funzioni. Sei lei[1] sa suggerirmi qualche altro aspetto da cui traiamo il nostro orientamento, gliene sarò molto grato. Io ci ho provato, ma non ne ho trovati altri: quei quattro coprono tutto quello che c'è» (Jung 1957 in Mc Guire e Hall p. 425). Al tempo stesso metteva in guardia contro un'interpretazione dogmatica della sua teoria perché non sempre è facile stabilire la tipologia di una persona, soprattutto nel caso di persone particolarmente equilibrate o nevrotiche, inoltre i tipi puri descritti nei manuali a scopo prettamente didattico nella realtà non esistono «se esistessero finirebbero rinchiusi in manicomio» (idem, p. 383). La classificazione tipologica va utilizzata dallo psicologo come un mero schema indicativo, come una mappa che aiuta ad orientarlo nel territorio psicologico del suo cliente, tuttavia lo psicologo deve restare consapevole che la mappa non è il territorio, non ne descrive la complessità, l'origine, le peculiarità, è solo «uno strumento, un mezzo. E ha senso, lo schema, solo quando si applica in pratica ai singoli casi» (idem p.391).

Jung utilizzava la classificazione dei tipi anche nella consulenza di coppia per aiutare i coniugi a risolvere i loro conflitti attraverso la conoscenza e l'accettazione delle reciproche differenze. Egli sosteneva che nelle coppie che si rivolgono all'analista «succede molto spesso che un introverso sposi

---

[1] Jung si rivolge a Richard I. Evans, professore di psicologia presso l'Università di Houston, che lo sta intervistando

una donna estroversa per compensazione, oppure che un certo tipo di personalità sposi il suo controtipo quasi per completare sé stesso. [...] Queste
compensazioni avvengono di continuo. Se si studiano le coppie, lo si vede
facilmente» (idem p.384). Marie-Louise von Franz sostiene che anche nel
rapporto di analisi le persone tendono a scegliere un analista di tipo opposto
al proprio, ma ciò non è generalmente positivo al fine del lavoro terapeutico
in quanto in questo modo la persona delega all'altro il compito di utilizzare
al posto suo la sua funzione meno differenziata. Se un analista si accorge di
questo «deve stare molto attento a non esibire troppo la funzione superiore.
L'analista deve costantemente fingere di non sapere, di non essere in grado,
di "non avere idea", e così via. La funzione superiore deve essere tenuta a
bada in modo da non paralizzare i primi timidi tentativi che l'analizzando
potrebbe fare in quel campo» (von Franz 1981, p. 24-25).

4.2 I "Tipi" nella clinica: un ponte per l'inconscio

L'utilizzo forse più importante delle tipologie psicologiche per Jung è
quello di riuscire a individuare, tramite l'ausilio di questa mappa, quali potrebbero essere le zone d'ombra del soggetto in analisi e dove potrebbero
celarsi quelle parti che egli ha rimosso dalla sua coscienza. Riuscendo a stabilire quali siano le funzioni maggiormente differenziate l'analista può evincere quelle più indifferenziate e viceversa, quando capta le manifestazioni
più "primitive" di una funzione, sintomo solitamente di una scarsa differenziazione, può dedurre, in base al concetto di polarità delle funzioni, quale
sia quella maggiormente differenziata. «Scopersi inoltre che lo studio dei
tipi fornisce anche indizi sullo studio della natura personale dell'inconscio,
sulla sua qualità personale in un dato caso. [...] Questo mi dava un indizio
di valore diagnostico, mi aiutava a capire i miei pazienti. Una volta che co-
noscevo il loro tipo cosciente, potevo farmi un'idea del loro atteggiamento
inconscio. E poiché i nevrotici sono influenzati in ugual misura dalla coscienza e dall'inconscio, subiscono l'influenza, si potrebbe quasi dire, di un
altro tipo psicologico. È come se essi stessi fossero un altro tipo, anzi in certi
casi è quasi impossibile dire se il paziente va valutato in base alla sua qualità
cosciente oppure in base a quella inconscia, perché a prima vista non si riesce a distinguerle.» (Jung 1957, in McGuire e Hull, p.426-427). In *Tipi*

Psicologici Jung ad esempio definisce "pensiero negativo" la funzione Pensiero scarsamente differenziata che si manifesta come «la tendenza a ridurre l'oggetto del suo giudizio a una banalità e a spogliarlo di ogni suo autonomo valore, rappresentandolo cioè come dipendente da un'altra cosa banale. […] Se qualcuno si fa promotore o diffusore di qualche idea il pensiero negativo non s'interessa dell'effettiva importanza della cosa, ma chiede "Che cosa ci guadagna quel tale?"». Egli definisce "pensiero negativo" anche correnti di pensiero come quella teosofica in quanto «basta aprire un libro di teosofia per ricevere la deprimente notizia che tutto è già spiegato e che per "la scienza dello spirito" non vi è più alcun mistero. Questa forma di pensiero è in ultima analisi altrettanto negativa del pensiero materialistico. […] Entrambe le forme di pensiero sono e rendono sterile. Il carattere negativo viene loro dal fatto che in esse il pensiero è quanto mai semplicistico, povero cioè di energia produttiva e creatrice. È un pensiero che procede a rimorchio delle altre funzioni» (Jung 1921c, p. 46-48). Suggerisce inoltre due possibili domande da porre al paziente durante l'analisi, la prima da utilizzare se è necessario fare affiorare dai recessi della coscienza questo tipo di pensiero, la seconda da utilizzare se è necessario evocarlo quando è inconscio e proiettato: «"Ma in fondo qual è il vostro pensiero schietto sull'argomento?" Oppure "Che cosa ritenete che io pensi di questo argomento?"» (idem). Un altro aspetto importantissimo di cui deve tenere conto l'analista non solo per individuare la tipologia corretta del suo paziente (ad esempio nel caso di un soggetto non più giovanissimo e che ha già avuto molte esperienze di vita,) ma anche per essere preparato a come potrebbe reagire l'inconscio di questi durante il percorso analitico, è che egli potrebbe già trovarsi o entrare in una tappa successiva, nella fase in cui prova noia della sua funzione maggiormente differenziata e sente il desiderio di sperimentare il potenziale delle funzioni meno differenziate: «l'Io si annoia perché ora trova prive di interesse tutte quelle cose che riesce a fare bene e senza sforzo. Allora la funzione inferiore, invece di comparire nell'ambito del suo campo legittimo, tende a invadere la funzione principale, distorcendola in modo nevrotico e non adattivo. […] Si tratta di una fase di passaggio, in cui l'individuo non è più "né carne né pesce"» (von Franz 1981, p.40) In questi casi solitamente la persona si percepisce come un tipo opposto al suo e può dare informazioni fuorvianti all'analista che cerca di determinare la sua tipologia. «Non serve quindi a niente, quando vogliamo scoprire il nostro tipo, chiederci che cosa ci importa di più. Chiediamoci piuttosto: "Che cosa faccio di più solitamente?" Un estroverso potrà essere costantemente occupato in modo estroverso, ma vi assicurerà, perfettamente convinto, di essere un terribile introverso e di preoccuparsi solo dei fatti interiori. E non vi starà imbrogliando: è proprio quello che crede perché, anche se si tratta di un solo minuto al giorno, quel minuto di introversione è la cosa reale; lì egli è in contatto con sé stesso, lì si sente vero» (idem, p. 41). Quando la persona esterna una certa inquietudine, una certa insofferenza, un senso di oppressione e di infelicità, questo potrebbe essere il segnale che è sotto il dominio della sua funzione inferiore. Nei casi di persone in cui entrambe le funzioni appaiono ben sviluppate la von Franz consiglia, per decidere quale delle due funzioni sia quella primaria, di chiedere loro cos'è tra i fatti legati alla sensazione rispetto a quelli legati al sentimento o tra i fatti legati al pensiero rispetto a quelli legati all'intuizione, che gli provoca più sofferenza.

4.3 I "Tipi" nella clinica: la funzione inferiore

Un altro utilizzo fondamentale nella pratica junghiana delle tipologie psicologiche è quello di favorire il processo di individuazione che per Jung rappresenta il fine dell'esistenza. Jung sostiene che la sua teoria delle tipologie psicologiche «mi ha dato un importante criterio per valutare l'andamento del paziente nel trattamento analitico. Perché nell'analisi si tratta di integrare nella coscienza i contenuti inconsci, di mettere l'individuo, che ha un certo atteggiamento cosciente, di fronte al contenuto inconscio di questo, che, nella sua nevrosi, gli si ritorce contro» (Jung 1957, in McGuire e Hull). Jung utilizzava la conoscenza delle tipologie psicologiche per permettere alle persone di sviluppare le funzioni maggiormente indifferenziate e questo lo faceva non solo con i suoi pazienti in analisi, ma anche con i suoi allievi. La von Franz racconta che metteva insieme tipologie simili tra loro per evitare che si compensassero a vicenda: «Egli era solito dire che se due idioti siedono vicini e nessuno dei due è capace di pensare, si cacceranno in tali guai che alla fine almeno uno dei due comincerà a pensare!» (von Franz 1981, p. 24). Quanto esposto sopra non deve portarci erroneamente a inferire che la funzione superiore rappresenti una sorta di ostacolo da superare, al contrario, essa è indispensabile per lo sviluppo sano della personalità dell'individuo, rappresenta le fondamenta su cui poggia l'io. «Uno sviluppo "egualitario" delle quattro funzioni non è considerato un evento auspicabile. Infatti, una insufficiente differenziazione delle preferenze non può che mantenerle tutte in uno stato sottosviluppato. Se una persona si occupa di tutto finisce per non essere brava in nulla. Allo stesso modo, una persona che non abbia sviluppato in modo differenziato le diverse funzioni finirebbe per non possedere nessuna abilità specifica per affrontare costruttivamente la propria vita» (Saggino 2002, p. 26). Come ci ricorda Daniele Ribola nella prefazione a *Tipologia Psicologica* della von Franz, la funzione superiore «è fondamentale soprattutto nei momenti di grande difficoltà psicologica in cui tutto vacilla e le tempeste dell'inconscio imperversano sul piccolo io naufragato. Allora la funzione dominante diventa come un porto sicuro, una strada ben costruita o un ponte capace di scavalcare un abisso.» (Ribola in von Franz 1981, p. 13). La funzione inferiore invece secondo la von Franz corrisponde alla «ferita della personalità cosciente che mai si rimargina e sanguina perennemente, ma è attraverso di essa che l'inconscio può entrare in ogni momento, apportando un ampliamento della coscienza e generando un atteggiamento nuovo» (von Franz 1981, p. 95). In questa dissertazione prenderò in considerazione il processo di individuazione di soggetti capaci di introspezione e che abbiano almeno una funzione sufficientemente differenziata dalle altre seppure esistono casi, che rientrano però nell'ambito dei gravi disturbi mentali, in cui l'io non è sufficientemente strutturato e la funzione principale va costruita. Tale processo deve avvenire per gradi e non può lavorare direttamente sulla funzione inferiore. Inizialmente bisogna stabilire se la tipologia è unilaterale, ovvero con una sola funzione principale sviluppata, o ha anche la funzione ausiliare sufficientemente sviluppata. Nel primo caso è necessario lavorare sullo sviluppo della funzione ausiliaria perché finché questa non è sviluppata agirà in maniera inconscia nella psiche dell'individuo causando problemi esattamente come la funzione inferiore. Esistono anche casi in cui per varie ragioni, come ad esempio un'educazione eccessivamente rigida che non ha rispettato le naturali inclinazioni dell'individuo, il tipo non si è sviluppato secondo la sua tipologia naturale ma ha sviluppato una tipologia distorta, anche in questi casi è comunque improbabile che la persona sviluppi la sua funzione inferiore, ad esempio il pensiero al posto del sentimento, è probabile invece che sviluppi quella che se gli fosse stato permesso di seguire le sue inclinazioni sarebbe stata la sua funzione terziaria o secondaria, ad esempio la sensazione o l'intuizione. In questi casi l'analisi deve in primo luogo aiutare la persona a tornare al suo tipo originario. La von Franz è ottimista riguardo ai tipi distorti, sostiene che solitamente riescono rapidamente a recuperare la funzione originaria e a raggiungere uno stadio evoluto: «I tipi distorti presentano vantaggi e svantaggi. Gli svantaggi risiedono nel fatto che viene loro impedito, sin dall'inizio, la loro disposizione principale e, quindi, rimangono un po' sotto il livello che avrebbero raggiunto se fosse stato loro consentito di svilupparsi in modo unilaterale. D'altro canto sono stati obbligati subito a fare qualcosa che avrebbero comunque dovuto fare nella seconda metà della vita.» (idem, p. 23). Quando un individuo ha sviluppato adeguatamente e preso consapevolezza della sua funzione principale, si passa a lavorare sulle funzioni ausiliarie, la seconda e la terza funzione. La von Franz sostiene che durante il processo di assimilazione delle funzioni ausiliarie talvolta si verifica che un tipo si trasformi in un tipo diverso dall'originario anche per otto, dieci anni. Secondo la von Franz non esiste una tecnica o una teoria per stabilire quando è il momento di passare a un'altra funzione, ci si accorge di questa esigenza quando si verifica il fenomeno descritto nel paragrafo precedente in cui l'individuo non si sente più né carne né pesce: «Il miglior modo per sapere come effettuare il passaggio è quello di dirsi: "Bene, tutto ciò ormai mi annoia a morte, non significa più niente per me. Dov'è, nel mio passato, un'attività che continua a sembrarmi piacevole? Un'attività ancora capace di darmi una spinta?" Se un individuo si metterà genuinamente a svolgere quell'attività, si accorgerà di essere passato a un'altra funzione» (idem, p. 102). Riguardo la funzione inferiore la von Franz sottolinea che non è possibile lavorare direttamente su questa durante il processo di individuazione in quanto «la funzione inferiore non può essere assimilata entro la struttura dell'atteggiamento cosciente; essa è troppo profondamente coinvolta e contaminata dall'inconscio» (idem p. 103). La funzione inferiore affiora solitamente attraverso i sogni e nei periodi di crisi interiore, rappresenta un grande dilemma esistenziale perché si trova a un livello così poco evoluto che non si riesce a utilizzarla e al tempo stesso l'impossibilità di viverla provoca grande frustrazione. Svolge una funzione trascendente, mistica «l'accostarsi a essa e il riuscire a restarvici, non già l'immergersi in essa solo per un attimo, provoca un'enorme cambiamento nell'intera struttura della personalità» (idem p. 103). Assimilare la quarta funzione per Jung trascendeva i limiti della psicologia per addentrarsi nei territori della mistica, il lavoro sulla quarta funzione lo paragona a un processo alchemico: «Possiamo illustrare la cosa anche in un altro modo: ci sono un topo, un gatto, un cane e un leone. Possiamo addomesticare i primi tre animali, se li trattiamo bene, ma poi c'è il leone. Esso si rifiuta di essere aggiunto come quarto anzi, mangia tutti gli altri, così alla fine rimaniamo con un unico animale. La funzione inferiore si comporta in modo analogo: quando sale verso l'alto, divora il resto della personalità» (idem p. 104). Lo sviluppo della funzione inferiore non può avvenire quindi in modo diretto e concreto, è possibile tuttavia lavorare su questa funzione attraverso l'intermediazione della fantasia, ad esempio «scrivendo o dipingendo o danzando o in un'altra forma qualsiasi di immaginazione attiva. Jung scoprì che l'immaginazione attiva è in pratica l'unico modo per affrontare la quarta funzione» (idem p. 107), per tale motivo nell'analisi junghiana il lavoro sui sogni svolge un ruolo predominante.

4.4 I Test psicologici di ispirazione junghiana

Horace Gray e Joseph Wheelwrigh due medici americani, psicoanalisti e allievi di Jung, furono tra i primi ad ideare negli anni trenta del secolo scorso un test per misurare le funzioni e le attitudini formulate nella teoria originale junghiana: il Gray Wheelwrigh typing. Tale test riscosse un buon riscontro negli ambienti psicoanalitici e inizialmente fu tra i più utilizzati. Il test produceva un risultato di tre lettere corrispondenti alla disposizione introversione-estroversione e alla funzione principale e ausiliaria. Tuttavia a partire dagli anni sessanta del secolo scorso il test ideato dalle Myers-Briggs e la psicologa Mc Caulley cominciò a imporsi e a raggiungere maggiore popolarità rispetto al GW al punto che il Dott. Winer della fondazione Gray Wheelwrigh nel 2002 fece una versione aggiornata del GW composta da quattro lettere che permetteva così al test di essere confrontato con quello delle Myers-Briggs [4]. Il Myers-Briggs Type Indicator, seppure anche dello stesso siano state prodotte varianti come ad esempio il KTS (Kersey Temperament sorter) o il Junghian Type Index (JTI), rimane tutt'oggi il più diffuso dei test di tipologia junghiana, mi limiterò quindi in questa dissertazione a descrivere brevemente lo stesso.

4.5 Il test MBTI: breve descrizione

Esistono alcune varianti del MBTI tra cui la Forma F, La forma G, la forma K, la forma M, costituite rispettivamente da 166, 126, 131 e 94 item. In lingua italiana è stato tradotto la Forma F. Il test misura le tre dimensioni junghiane E-I, T-F, S-N[2] più la quarta, J-P, aggiunta dalle Briggs-Myers. La *Forma F* del *MBTI* è costituita da questionario, foglio di risposta, foglio per il profilo, griglia di correzione, manuale generale e da un volumetto con i dati relativi alla taratura italiana. Il test è senza limiti di tempo e può essere somministrato sia in gruppo che individualmente. Ai soggetti viene richiesto di scegliere, per ogni item, la risposta a loro più consona scegliendo tra un minimo di 2 alternative ad un massimo di 5.

Si ottengono otto punteggi grezzi che a loro volta generano quattro punteggi di preferenza: ogni indice riflette una delle quattro preferenze che determinano il tipo; il punteggio di ogni indice consiste in una lettera che indica la direzione della preferenza seguita da un numero che indica la sua intensità; per ognuno dei quattro indici sono richieste otto griglie, una per ciascuno dei due poli delle quattro preferenze. Sull' indice T-F il punteggio è diverso per i due sessi. L'Attendibilità è stata indagata a vari livelli tra cui l'uso dello split-half-realiability (dividendo ciascun indice in due metà) e il test retest. La validità di costrutto è stata verificata confrontando le intercorrelazioni di varie popolazioni accademiche nell'ambito scolastico e lavorativo. La validità concorrente correlando l'MBTI con altri test di personalità tra i quali il Gray-wheellwright, lo Strong Vocational Interest Blank, lo Edwards Presonal Preference Schedule, il Kuder Occupational Interest Survey, il Sixteen Personality Factor Questionnaire, lo State-Trait Anxiety Inventory. Sono inoltre stati confrontati i punteggi con l'autovalutazione del tipo psicologico basata su brevi descrizioni standardizzate dei 16 tipi e correlando il tipo psicologico e le singole preferenze con i criteri esterni rappresentati da comportamenti in situazioni reali (es. giudici esterni che osservano le differenti modalità comunicative degli studenti invitati a fare un discorso). È importante precisare che il MBTI si propone di misurare personalità "normali" e non ha alcuna pretesa di rilevare connotazioni di carattere patologico.

---

2 2 Per chi non ricordasse la corrispondenza delle sigle del MBTI rimando al cap. 3 da pag. 53

L'interpretazione dei dati si basa sui punteggi di preferenza, se la preferenza dominante ha un punteggio alto indica un tipo psicologico, se la preferenza dominante ha un punteggio basso e la funzione ausiliaria ha un punteggio alto ciò indica che il tipo riportato dal MBTI potrebbe non corrispondere a quello autentico della persona. Una parte importante nel determinare il tipo consiste anche nel discutere i risultati del test con il soggetto esaminato, verificando se si riconosce nel profilo emerso ed il suo vissuto soggettivo (Saggino 2002, cap. 3).

4.6 Tipologie junghiane e scelte di vita

Nel corso degli anni sono state fatte numerose ricerche, sia dagli stessi autori del MBTI, sia da altri ricercatori, per verificare se c'è una corrispondenza tra le tipologie junghiane e i percorsi scelti nell'ambito scolastico, professionale, artistico, hobbistico, ludico, confessionale e persino con i disturbi della personalità. Quanto citato rappresenta solo una piccola scelta di esempi in quanto le ricerche svolte da ricercatori e studenti universitari in tale ambito sono numerosissime. Ne è stata fatta una, ad esempio, che cito a titolo di curiosità ma non illustrerò, sulla corrispondenza tra le personalità junghiane ed i doni dello spirito intesi nell'accezione cattolica paolina (detti anche "carismi" come il dono della conoscenza, del parlare le lingue, della profezia ecc.). Ribadendo che l'utilizzo del MBTI non è assolutamente stato creato e tantomeno ritenuto adatto dai suoi autori per misurare i disturbi della personalità, ciò non ha impedito a Coolidge et Al. di effettuare una ricerca in questa direzione su 332 soggetti tra i 18 e 19 anni rilevando una correlazione delle dimensioni Introversione, Intuizione, Pensiero e Percezione ed i disturbi della personalità; più precisamente gli autori hanno trovato nel profilo INTP una correlazione con il disturbo schizotipico di personalità, nelle dimensioni INP con la personalità passivo-aggressiva, nelle dimensioni NTP con la personalità antisociale e sadica, nel profilo ISTJ con la personalità ossessivo compulsiva, rilevando un solo disturbo di personalità correlato alla dimensione Estroversa, il disturbo istrionico (Coolidge et al 2001).
Una ricerca di Reynierse su un campione di 135 e 159 imprenditori che è stato comparato a campioni di piccoli uomini d'affari, dirigenti d'impresa e

dirigenti aziendali, ha rilevato che i primi avevano un maggiore punteggio della dimensione P ed un basso punteggio della dimensione J (nell'accezione Briggs-Myers P si avvicina alla dimensione di apertura all'esperienza, J alla dimensione di ordine, precisione e burocrazia) rispetto ai secondi, inoltre gli imprenditori avevano un alto punteggio delle dimensioni EP, NP, TP e un basso punteggio delle dimensioni IJ, SJ e FJ ovvero, oltre alla dimensione Percezione negli imprenditori le dimensioni Estroversione, Intuizione e Pensiero risultano prevalenti rispetto alle dimensioni Introversione, Sensazione e Sentimento (Reynierse et Al 1997) .

Saggino, tra le ricerche più rilevanti sulla validità del costrutto MBTI effettuato dalla McCaulley, cita una ricerca longitudinale effettuata su 5355 studenti di medicina per un periodo di 12 anni che dimostrerebbe che «la scelta della specializzazione è consona al tipo psicologico». Donal MacKinnon et Al hanno fatto numerose ricerche per individuare le caratteristiche tipologiche delle persone ritenute creative rilevando una correlazione tra la preferenza N (Intuizione) e la creatività indipendentemente dall'attività di riferimento (matematici, ricercatori, scrittori, architetti). Il dato interessante è che su 107 soggetti solo 3 non erano Intuitivi. «È vero che siamo di fronte a gruppi costituiti da pochi soggetti (non è, d'altronde, facile reperire soggetti creativi), ma i risultati appaiono, comunque, interessanti. Sembra pertanto che l'intuizione sia un fattore fondamentale nella creatività, come previsto dalla teoria» (Saggino, 2002, p.36-37). Negli USA ed in Canda sono stati condotti negli anni 60 e 70 del secolo scorso innumerevoli studi da parte della Myers e la McCauley su studenti di scuole di ogni ordine e grado molti dei quali sono riportati nel libro *Gift Different* di Isabel e Peter Myers. Tali studi confermerebbero una significativa correlazione tra la scelta del percorso scolastico e la tipologia psicologica. Anche in Italia Aristide Saggino ha effettuato una ricerca in questa direzione rilevando che la maggioranza degli studenti del Liceo Classico sono introversi (58.16%) e la maggioranza di quelli dell'Istituto tecnico commerciale sono estroversi (57.39%), al Classico si riscontra inoltre una maggiore percentuale di tipi Intuitivi (53.19%) ed al Tecnico di tipi Sensazione (76.65%). Tuttavia, sostiene Saggino, seppure «non si può negare che il MBTI appare in grado di discriminare fra le persone anche in rapporto a dei criteri esterni, questo dato non può essere interpretato come una riprova del fatto che il MBTI misuri effettivamente i costrutti individuati dalla teoria dei tipi psicologici di Jung. Infatti, può darsi benissimo che il MBTI funzioni, ma che il suo funzionamento sia spiegabile sulla base di una teoria diversa da quella su cui è stato costruito.» (Saggino 2001, p. 38).

4.7 Critiche ai Test di tipologie junghiane

Le critiche maggiori che sono state fatte ai test junghiani riguardano principalmente la contrapposizione dicotomica delle funzioni e gli aspetti psicometrici del test, più specificatamente la sua validità fattoriale. Ricerche come quella sull'androginia psicologica condotte da S.L. Bem e J.Singer, sulla creatività femminile nelle donne portate per la matematica condotte da R.Helson negli anni 70, e sulla creatività degli architetti condotta nel 1961 da Mc Kinnon, sembrano escludere una contrapposizione dicotomica tra poli come mascolinità e femminilità, sensazione e intuizione [5]. A partire dal 1976 June Singer e Mary Loomis sotto il patrocinio della facoltà di psicologia dell'Università del Wayne e con il sostegno del Fondo per la Ricerca del C.G. Jung Institute di Chicago, hanno lavorato alla messa a punto di un nuovo test per esaminare gli stili cognitivi: lo SLIP (Singer-Loomis Inventory of Personality). Partendo sempre dal presupposto della bipolarità dell'ipotesi junghiana hanno cercato di comprendere la ragione per cui studi sulla grande quantità di dati prodotti dall'utilizzo dei test del GW e il MBTI non confermassero la teoria delle funzioni differenziate di Jung. Secondo i ricercatori il motivo potrebbe essere dovuto al modo in cui sono stati costruiti gli item nei test precedenti che prevedono solo risposte a scelta obbligata. Nel rispondere a questi test, una volta scelta una delle due alternative, quella scartata è completamente ignorata, tuttavia le persone intervistate che hanno svolto il test dichiarano di trovare molto difficile rispondere a certe domande perché in alcuni casi si sentono rappresentati da entrambe le opzioni o da nessuna. Gli item a scelta obbligata del GW e MBTI, secondo gli autori dello SLIP, potrebbero causare delle distorsioni falsificando il risultato e non permettendo che la funzione superiore che presuppone la teoria di Jung riesca a essere individuata dal test. Per dimostrare questa teoria hanno cambiato la struttura del GW e del MBTI sostituendo gli item a scelta obbligata con item da siglare con una scala da 1 (mai) a 7 (sempre). Hanno sottoposto la versione originale dei test e quella variata dai ricercatori agli stessi soggetti. Se la scelta obbligata degli item fosse irrilevante i risultati ottenuti dal test sarebbero dovuti risultare i medesimi, invece sostituendo la scelta obbligata con la scelta libera in molti casi è stata evidenziata una funzione superiore diversa da quella risultante con la somministrazione del test classico, ciò sembrerebbe confermare l'ipotesi degli autori (idem, p.4). Il nuovo test junghiano SLIP si basa su metodi più rigorosi ed è stato sottoposto ad analisi fattoriali, revisioni e correzioni prima di arrivare alla versione definitiva. Sono state selezionate 15 situazioni ciascuna delle quali prevede la scelta di 1 tra 8 risposte possibili. «I risultati del test vengono elaborati da un calcolatore e per ciascuna risposta si ottiene una scheda dettagliata che include per ogni individuo informazioni di questo tipo: la forza relativa delle varie modalità cognitive o funzioni; le funzioni usate più frequentemente e le interazioni tra le funzioni secondo il particolare modello individuale di preferenza. Ogni funzione viene poi descritta nel contesto del profilo individuale» (idem, p.7-8). Sebbene lo SLIP presenta una quantità minore di correlazioni negative rispetto ai precedenti test di ispirazione junghiana e alcuni suoi item sembrano confermare la bipolarità junghiana, i risultati ottenuti non sono soddisfacenti per essere avvalorati scientificamente. Un'altra ricerca condotta in Italia da Aristide Saggino, che è anche l'autore della prima versione italiana del MBTI, conferma la debolezza del test MBTI per quanto riguarda l'aspetto della validità fattoriale. Le uniche scale di cui Saggino ha riscontrato la validità sono quelle relative alla dimensione J-P (Giudizio-Percezione) che conferma la dicotomia junghiana e alla dimensione E-I (Estroversione-Introversione) quest'ultima tuttavia non misurerebbe una dimensione dicotomica come presupposto dalla teoria di Jung ma un tratto. La critica maggiore che Saggino fa al test MBTI non riguarda il suo valore come strumento euristico, ma come strumento che convalidi la teoria sottostante in quanto: «difficilmente una teoria può essere ritenuta valida se lo strumento creata per operazionalizzarla non risulta valido in rapporto alla teoria che lo ha generato, ossia, in parole più semplici, se rappresenta una misura di costrutti diversi da quelli per il quale è stato costruito» (Saggino 2002, p. 95-96). Secondo Saggino il MBTI non misura tipologie psicologiche ma alcuni tratti di personalità già note nei modelli psicometrici di personalità come quelli di Cattel, Eysenck e dei Cinque Grandi Fattori. La differenza fondamentale tra le teoria dei tratti e quella delle tipologie psicologiche è che la prima ha una visione comportamentista e maggiormente deterministica dei tratti in quanto rappresenterebbero variabili latenti della personalità, di origine genetica, difficilmente modificabili che sono la causa sottostante del comportamento manifesto; la seconda ha una visione dinamica della psiche e presuppone che il tipo psicologico, pur avendo delle predisposizioni genetiche, abbia una personalità più plastica che può in parte modificarsi nel corso della vita, inoltre presuppone che una o poche caratteristiche archetipiche possano fornire un quadro generale che racchiuda sommariamente tutte le tipologie principali di persone. Nelle scale del MBTI Saggino ha trovato molte corrispondenze con le teorie fattoriali, in particolare con la teoria dei tre fattori di Eysenck, concludendo che il MBTI misura i tratti di personalità ma non le tipologie psicologiche come postulate da Jung.

Un'altra critica mossa da psicologi, educatori, sociologi, psicoterapeuti, psicoanalisti di formazione umanistica e psicodinamica è quella di avere snaturato la teoria di Jung riducendola a uno strumento psicometrico e un test psicoattitudinale. Pete Campbell ad esempio mette in guardia nell'utilizzare i test junghiani per etichettare e selezionare le persone in quanto il test MBTI non è in grado di elencare specifiche abilità e livelli di competenze, soprattutto nell'ambito delle relazioni sociali, mentre la teoria che ne è alla base ha un forte potenziale a livello educativo in quanto potrebbe aiutare le persone a conoscere le rispettive diversità, a considerare il punto di vista dell'altro, a rispettare il valore dell'individualità e della dignità di ciascun individuo, a percepire le differenze tipologiche non come dei limiti ma delle risorse (Campbell P. 2011). Tuttavia tale utilizzo, che era stato auspicato all'origine dallo stesso Jung e dalle Briggs-Myers, spesso è perso di vista sia da chi sembrerebbe principalmente interessato ad indagare la validità scientifica del test, sia da chi lo utilizza a solo scopo selettivo e manipolativo nell'ambito del marketing, del lavoro o per l'orientamento scolastico e professionale.

Daryl Sharp sostiene: «L'analisi tipologica determinata dai test scritti è assolutamente fuorviante, nel peggiore dei casi pericolosa. Tali test sono basati su dati collettivi e statici; ovvero, la loro validità si basa su dati puramente statistici ed è riferita al tempo presente. Possono fornire un quadro ragionevole sulle preferenze espresse a livello cosciente al momento della prova, ma ignorando la natura dinamica della psiche non dicono nulla sulla possibilità di cambiamento. I test dei Tipi sono molto in voga nel mondo aziendale. La cosa migliore che si può dire su di essi è che nelle mani di un interprete sapiente e competente non faranno troppi danni. Possono infatti mostrare in modo preciso, la possibilità che una determinata persona possa adattarsi o meno, in quel momento, ai requisiti richiesti da un particolare lavoro o da un contesto. Ma per quanto tempo? E a beneficio di chi? E quanto potrebbe essere dannoso per le altre possibilità dell'individuo? O per le esigenze future dell'impresa? Inoltre i test dei tipi non rilevano la misura in cui il tipo di qualcuno potrebbe essere stato falsificato o pervertito da fattori familiari e ambientali; non ci dicono nulla su come il funzionamento abituale di un tipo può essere determinato dai complessi; e non riflettono l'atteggiamento compensatorio dell'inconscio che è sempre presente nelle tipologie junghiane. Solitamente è la persona[3] che risponde al test e la persona che risponde al test potrebbe non farlo attraverso il suo tipo psicologico, ma utilizzando una delle funzioni secondarie o l'ausiliaria o, addirittura, rispondere attraverso l'ombra della persona» (Sharp D.1987, p.92 traduzione mia)

Riassumendo, secondo la visione cognitivista-comportamentista i risultati ottenuti in base a una valutazione psicometrica del test "junghiano" non sono soddisfacenti per essere avvalorati scientificamente, mentre secondo la visione psicodinamica basarsi su un test psicologico "junghiano" per definire la tipologia di una persona è assolutamente limitante e in alcuni casi addirittura fuorviante.

---

[3] "persona" intesa in senso junghiano, ovvero la maschera che indossa l'individuo per rispondere alle esigenze delle convenzioni sociali.

CONCLUSIONI

Il bisogno di definire le tipologie umane ha origini ancestrali, a muovere tali necessità si possono supporre svariate ragioni, da quelle prettamente legate alla sopravvivenza per cui determinare la tipologia degli altri è utile sia per stabilire relazioni e collaborazioni sia per prevenire le mosse di eventuali rivali o nemici, a quelle che rispondono alla chiamata esistenziale cui invita la scritta del tempio di Delphi: "uomo conosci te stesso". Al centro di tali motivazioni ne collocherei una terza altrettanto vitale: il bisogno di guarire, non solo nel corpo, ma anche nell'anima. Il concetto riassunto dalla breve formula "tipologia= guarigione" lo ritroviamo nella medicina ippocratica, nella tradizione medica ayurvedica, nella medicina omeopatica, per citare alcuni esempi, secondo le quali individuare la tipologia dell'individuo è indispensabile per potere fornire la medicina adatta a quella specifica persona e non al suo sintomo. Prendendo come riferimento le tipologie di Ippocrate la cura prescritta a un flemmatico quindi, non sarà necessariamente la stessa prescritta a un collerico, sebbene il sintomo presentato appaia il medesimo. Il lavoro di Jung va inteso anche in quest'ottica; individuare la giusta tipologia aiuta il terapeuta a trovare la cura corretta, a stabilire la rotta adeguata per aiutare il paziente nel suo processo di individuazione. Tuttavia, come auspicato in primis da Jung, la sua teoria non deve essere intesa come un dogma. Il rischio più grande, non solo della teoria dei tipi psicologici ma di tutte le teorie e delle differenti scuole di pensiero in ambito psicologico e psicoterapeutico, è quello di cadere nella trappola di adattare l'individuo alla teoria. Come ci ricorda la von Franz, Jung considerava la sua teoria «una posizione euristica, un'ipotesi che consente di scoprire delle cose» (von Franz 1988, p. 92) e come tutti gli strumenti in alcuni casi può rivelarsi molto utile per raggiungere lo scopo, in altri può risultare inadeguato. Relativamente all'utilizzo euristico della teoria dei tipi sta alla sensibilità del counselor, dello psicologo o del terapeuta, da una parte, valutare se, come, quando, e con chi, utilizzare le tipologie junghiane, dall'altra, se con questo strumento, il counselor, lo psicologo o il terapeuta, in base alle sue caratteristiche individuali, riesce a lavorare bene. Per alcuni psicologi e psicoterapeuti servirsi della teoria dei tipi junghiani potrebbe rappresentare la chiave di volta, per altri rivelarsi troppo distante dalla loro modalità operativa, sforzarsi di utilizzarla acriticamente per rendere onore, ad esempio, alla corrente di psicoanalisi di appartenenza, non gioverebbe nessuno, tantomeno i pazienti.

Relativamente all'aspetto scientifico della teoria a mio parere un grosso difetto di test come il MBTI è che non tiene conto dei tempi di risposta di chi effettua il test. Se la persona che fa il test esita a dare una risposta ciò indica che ha bisogno di riflettere, di conseguenza probabilmente non si riconosce pienamente in nessuna delle opzioni, se invece sceglie un'opzione senza esitazione è più probabile che questa indichi la sua dimensione prevalente o come davvero si auto percepisce in quel momento. Si otterrebbero dei risultati più interessanti, a parer mio, o eliminando l'auto somministrazione, svolgendo quindi il test solo attraverso l'intermediazione dello psicologo/psicoterapeuta che pone le domande, come nel Rorschach ad esempio, o attraverso un sistema computerizzato che registra i tempi di risposta, come avviene in molti test cognitivi.

Ritengo inoltre importante non dimenticare che anche le teorie scientifiche sono soggette ai corsi e ricorsi della storia, possono raggiungere una certa popolarità e in seguito venire svalutate o passare di moda per poi ritornare in auge od essere rivalutate, il più delle volte dopo essere state revisionate e corrette da altri ricercatori. Un esempio di questo tipo è la teoria della frenologia di Gall screditata dalla comunità scientifica del suo tempo e in seguito rivalutata - in parte - dalle neuroscienze con la scoperta delle specializzazioni emisferiche.

Esistono poi teorie accettate dalla maggioranza della comunità scientifica, tuttavia non ancora completamente avvalorate, come la teoria di Darwin e il suo famoso "anello mancante". Come ci ricorda la von Franz citando Pauli «nessuna nuova teoria, nessuna nuova invenzione feconda nel campo della scienza è mai stata avanzata senza il lavorio di un'idea archetipica [...] Keplero, quando costruì i suoi modelli dei pianeti, disse che lo spazio ha tre dimensioni a causa della Trinità! [...] Il concetto di spazio tridimensionale, per esempio, è ancora completamente valido nella meccanica ordinaria, e falegnami e muratori lo applicano nei loro disegni e progetti. Ma se cerchiamo di estenderlo alla microfisica, ci troviamo fuori strada.» (von Franz 1988, p. 91)

Personalmente ritengo che la teoria di Jung non abbia esaurito il suo potenziale scientifico, il fatto che ognuno di noi sia caratterizzato da delle preferenze cognitive e che queste influenzerebbero il nostro modo di orientarci nel mondo è un assioma condiviso anche dall'attuale psicologia cognitiva, quello che non convince ancora della teoria di Jung è il concetto di polarità delle funzioni. Tale concetto in Jung è stato influenzato, oltre che dalla sua formazione umanistica, filosofica e spirituale, per utilizzare un termine coniato da Khun, dal paradigma scientifico del suo tempo in cui il concetto di polarità che genera vita, movimento ed energia era molto vivo ed ha portato a scoperte concrete e reali che hanno rivoluzionato la società, come la conduzione elettrica, il motore e, ancora in tempi recentissimi, il linguaggio binario dell'informatica. Che tale paradigma sia valido anche per la psiche umana rimane ancora dubbio e finora non è stato dimostrato, a mio parere tuttavia vale la pena continuare ad indagare in questa direzione.

BIBLIOGRAFIA

- Beebe J., Falzeder E. (2013), *The Question of Psychological Types: The Correspondence of C. G. Jung and Hans Schmid-Guisan, 1915-1916*, Princenton University Press, formato e.book

- Blander R. (2009), *Il potere dell'inconscio e della PNL*, Alessio Roberti editore

- Blutner R., Hochnadel E., *Two Qubits for C.G. Jung's Theory of Personality*

- Campbell F.B.P.,Jr. (2011), *Jungian Theory of Psychological Type Augments the Translating of Social Work Values into Social Work Practice Behaviors* EdD, ACSW University of Mississippi, Journal of Social Work Values and Ethics, Volume 8, Number 1 (2011)

- Cavadi G (2005), *una storia Hermann Rorschach*, Link, Rivista scientifica di psicologia, 07 Giugno 2005, pag. 33

- Christos J. Gianopoulos (2003), Psychological Type and Individuation

- Coolidge F.L., Seagal D.L., Hook J. N., Yamazaki T.G., Ellett J. A.C. (2001) *An Empirical Investigation of Jung's Psychological Types and Personality Disorder Features*. Journal of Psychological Type, Vol. 58

- Fanara G , De Vivo A , Cavallari B , Mezzatesta E , Sorrenti L , Di Rosa AE , (2008) *La nascita del Rorschach tra cultura e scienza,* Conference Paper July 2008

- Felder M. (2002), *Learning and teaching styles in engineering education*, [Engr. Education, 78(7), 674–681 (1988)], Author's Preface — June 2002

- Ferrari J.R., Parker J.T., Ware C.B. (1992), *Academic procrastination: Personality correlates with Myers- Briggs   Types, self-efficacy, and   academiclocus* control, Article in Journal of social behavior and personality, January   1992

- Forcignanò E., *Dalla dementia praecox alla schizofrenia: Jung tra organicismo e psicogenesi*, Università del Salento I CONTRIBUTI

- Franchi E., *I tipi psicologici: istruzioni per l'uso* (2016), Fontana Editore, formato e.book

- Franz M.L.(1981), *Tipologia psicologica Le funzioni della coscienza: pensiero e sentimento, intuizione e sensazione*, Milano: red! 2004

- Furnham A.*, Moutafi J, & Paltiel L. (2005), *Intelligence in Relation to Jung's Personality Types*, University College London, Individual Differences Research, 2005, 3(1)

- Hannah B. (1976) *Jung, His Life and His Work: A Biographical Memoir*, Boston: Shambhala, 1991.

- James R. (2016), *PNL 10 TECNICHE ESSENZIALI*,Bologna: Area51

- Jung C.G., (1921a), Opere Volume sesto *Tipi Psicologici*, trad. italiano 1977, Torino: Bollati Boringhieri

- Jung C.G. (1921 b) *Tipi Psicologici* Vol. I e II Milano: Oscar Mondadori 1993

- Jung C.G.(1921c) *Tipi Psicologici descrizione generale*, trad.italiano 1977, Torino Biblioteca Bollati Boringhieri ristampa Settembre 2014

- Jung C.G (1961), *Ricordi, Sogni, Riflessioni*, trad. it. 2014, Bur Rizzoli, Bergamo.

- Jung C.G. (1916) trad. italiana http://www.nilalienum.it/Sezioni/Freud/Materiali%20bibliografici/Jung/JungSI.html

- Journal of Psychological Type, Vol. 40,1997

- Mattoon M.A., Davis M. (1995) *The Gray-Wheelwright Junghian Type Survey Development and history*, Journal of Analitical Psycology, 40, 205-234

- McGuire, Hull (1977), *Jung parla Interviste e incontri,* Milano: Gli Adelphi

- Montefoschi S. (1985) *C.G.Jung un pensiero in divenire*, Milano: Garzanti

- Myers I., Myers P. (1980) *Gifts Differing Understanding Personality Type* ed. Mountain View, formato e.book, prima edizione 1980

- Naranjo C. (1994) *Carattere e Nevrosi L'enneagramma dei tipi psicologici*, Roma: Astrolabio

- Parisi S., Pes P. *Il Test di Hermann Rorschach - Il Metodo, gli Ambiti applicativi, la Somministrazione, la Siglatura*, Istituto Italiano di Studio e Ricerca Psicodiagnostica, Scuola Romana Rorschach

- Phoon, Chek Yat (1986) *A Correlational Study of Jungian Psychological Types and Nineteen Spiritual Gifts*, Andrews University

- Reynierse J.h: et Al (1997) *An MBTI Model of Entrepreneurism and Bureaucracy: The Psychological Types of Business Entrepreneurs Compared to Business Managers and Executives*, Journal of Psychological Type, Vol. 40,1997

- Saggino A. (2002), *La teoria dei tipi psicologici una verifica empirica*, Università Laterza

- Sak U. (2004), *A Synthesis of Research on Psychological Types of Gifted Adolescents* University of Arizona, JSGE Vol. XV, No.2, Winter 2004, pp.70-79

- Sharp D (1987), *Personality Type - Jung's Model of Typology*, Inner City Books,

- Singer J, Los Altos, Loomis M., Pointe G *Un nuovo test di tipologia junghiana*

- Paul D. Tieger & Barron-Tieger B. (1998), *The art of speedreading people – how to size people up and speak their language*, Little, Brown & Company Boston New York London 1998

- Wilde D.J. (2011) *Jung's Qualitative Personality Theory*, XV, 116 p. Springer, http://www.springer.com/978-0-85729-099-1

SITI INTERNET

"The Remarkable Story of the MBTI®: How Two Unlikely Theorists Created the World's Most Popular Personality Test". typefinder. Truity Psychometrics LLC. Retrieved 6 November 2014 [1] (https://www.typefinder.com/story/story-of-mbti-briggs-myers-biography)

https://www.capt.org/mbti-assessment/isabel-myers.htm [2]

http://www.psicologiadellavoro.org/?q=content/la-pnl-i-sistemi-rappresantazionali [3]

http://www.winerfoundation.org/gray-wheelwright-winer-gww-test.html [4]

http://www.rivistapsicologianalitica.it/v2/PDF/24-1981-Le_dimensioni_analisi/24-1981-Cap9_nuovo.pdf [5]

http://www.rivistapsicologianalitica.it/v2/riviste_intere/1978_17.pdf

http://www.lastessamedaglia.it/2011/07/e-tu-che-tipo-sei/

Finito di stampare nel mese di Luglio 2019